U0127968

贛文化通典

—— 方志卷　第二冊

目錄

上編

第一章 | 統部

第二章│南昌市

南昌

第三章|景德鎮市萍鄉市新余市鷹潭市

浮梁

萍鄉

蓮花

（以上今萍鄉市）

貴溪

第五章 | 上饒地區

上饒

玉山

弋陽

萬年

婺源

▎下編▎

第六章 | 宜春地區

宜春

豐城

靖安

高安

第七章｜撫州地區

臨川

第八章｜吉安地區

吉安

第九章 | 贛州地區

贛縣

景德鎮市萍鄉市
新余市鷹潭市

 浮梁

　　茲錄得浮梁舊乘十六種，其存者唯清志六種。清初邑人朱來繡撰《縣志考誤》《縣志摘謬》，俱佚，蓋為縣志考訂之作，例當錄入。另有宋人汪肩吾《昌江風土記》及清人吳敵《昌南曆記》十六卷，二書光緒《江西通志》藝文略皆錄歸史部地理類雜記之屬，乾隆邑志稱後書「考據精核，序事詳，修辭潔，合載記之體，（康熙）兩次修志多所採擇，邑前哲書多散佚，藉是書為文獻之一助云」。此二書雖不宜錄入，要當有以記之。肩吾字均山，邑人，後志入文苑傳或高士傳。吳敵字克勝（或曰名極，字育玉），邑廩生，入後志儒林傳。

　　唐武德五年，以鄱陽縣新平鎮（即景德鎮）置新平縣，屬饒州；八年，省入鄱陽；開元四年，復置縣，治新昌口，改名新昌；天寶元年更名浮梁，以溪水時泛，民多伐木為梁，故名，屬饒州。宋仍之。元升浮梁州，屬饒州路。明復為縣，屬饒州府。清仍明。民國五年，徙治景德鎮。

〔咸淳〕浮梁縣志

　　鄭興纂

　　宋咸淳間修本　佚

光緒《江西通志》藝文略：《浮梁縣志》咸淳間鄭興修。

《中國古方志考》：《浮梁縣志》宋，佚。宋鄭興纂。按：洪武《浮梁縣志》程勵序，吾縣在宋則有鄭興縣志。又永樂縣志朱昭序，咸淳庚子，鄭興作縣志。按咸淳無庚子，似庚午之誤。

《江西古志考》卷三。

〔泰定〕浮梁志

段廷珪修　臧廷鳳纂段廷珪，元至治、泰定間知饒州。　臧廷鳳，字梧岡，邑人，宋景定三年進士，著有《梧岡文集》。

元泰定二年（1325）刻本　佚

光緒《江西通志》藝文略：《浮梁縣志》郡守鄭廷珪修。

《中國古方志考》：《浮梁州志》元，佚。元臧廷鳳纂。

《江西古志考》卷三：《浮梁志》元，臧廷鳳纂。按：據屠濟亨序，「浮梁舊為縣，今升州。縣舊有志而毀，州今宜志而闕」。又明洪武縣志程勵序亦曰：「曆元則有臧廷鳳州志。」知臧氏《浮梁志》系州志，光緒通志錄作縣志，蓋依時制改易。

屠濟亨序浮梁舊為縣，今升州。縣舊有志而毀，州今宜志而闕。豈有司念慮有未及歟，抑文獻無足徵歟。余出守是州之三月，郡刺史清泉段公蒙旨董陶至州，州士臧履袖其先人南徐文學掾廷鳳所撰《浮梁志》一編甚巨，告請於公曰：「公嘗以是命我先人。承命以來，周遊歷覽，采殘碑斷簡之所載，參遺黎故老之所談，述前所聞，記後所見，幸而成編。風俗沿革之異，貢賦土產之宜，與夫文人才子，問望後先，無不備載而詳錄焉。」段公因履所請，遂命吾有司刊梓以傳。吾宦遊，首至必訪求文獻，以廣見聞。今得臧君所為書，不出戶而方百里地在吾目中，誠為政之一助

也。後之覽者，其毋忘臧君云。（泰定乙丑中秋後五日）

〔洪武〕浮梁縣志[1]

徐遜纂徐遜，字士謙，邑人，元至正七年舉人。

明洪武初年修本　佚

【按】光緒《江西通志》藝文略，以此志與洪武十二年邑志著錄為一書，曰：「浮梁縣志，洪武初邑人徐遜修，十二年邑人計希孟成之。」永樂邑志朱昭序曰：「我太祖高皇帝混一區宇，天下郡邑修集志書，以新華夏之典。然偃武修文之初，而地志無所取征焉。僅得邑士徐遜摭拾草就，故元之典故悉無所考，我朝名宦事物皆所未載，無乃循襲舊聞而已。洪武八年乙卯，奉詔修志，有司始延邑庠訓導計希孟，爰集事實以貢。越十年，奉檄更加增詳，本縣復以希孟會諸本郡儒官纂集成編，以呈。典司雖以刊梓，亦多遺失。嗟夫，徐志頗詳而失之泛，計志從簡而失之略，觀者不無歉焉。」知徐、計所纂各自為書，徐書成於洪武初，在計氏洪武八年修志之前。乾隆淩志以下諸邑志之藝文書目，皆以徐氏所纂別為一書，不與計書混一。今從而分錄之。

〔洪武〕浮梁縣志[2]

程勵修　計希孟等纂程勵，字彥起，洪武七年知浮梁縣。　計希孟，邑人，以明經薦辟，授本邑訓導，升淳安縣教諭。

明洪武十二年（1379）刻本　佚

《永樂大典》卷二二六五，六模，湖北湖，引《浮梁縣志》一條。又卷七五〇七，十八陽，倉常平倉，引《浮梁志》一條。

乾隆淩汝綿《浮梁縣志》卷十一藝文：《浮梁縣志》訓導計希孟撰。

光緒《江西通志》藝文略：《浮梁縣志》洪武初邑人徐遜修，十二年邑人計希孟成之。

《江西古志考》卷三。

程勵序郡縣有志，蓋《周禮》職方氏之意也。洪武八年，上命中書省集天下圖經志書，亦莫非《周官》之意，誠重典也。時兵燹余，文籍無取征，有司爰集舊聞，事實簡略。越十年，予蒞政之明年，中書省降下，以為前所上志書該載不盡，更加增輯。同寮曰：海宇初寧，故老凋謝，非質諸儒與論，不明其詳。乃謀與諸儒訓導計希孟、寧得剛討論之，廣詢博訪，撫拾不遺。十一年夏四月，府檄希孟之饒，即會各縣學官，參互考訂，類次成帙，達於省司，進呈御覽，由是縣志始定……今希孟編畢，爰鋟梓而傳不朽。遂因其請，不得不為之序。（洪武十二年四月）

【按】此志與洪武初邑人徐遜所修殆非一書，前之按語中已明辨之，茲不贅。據程式及永樂朱昭序，此志始事於洪武八年，已有成書上呈。至十年，復奉命增詳。十一年，希孟奉調至饒州府會纂郡志，縣志乃定，爰鋟梓以傳，時為洪武十二年。又《大典》引《浮梁縣志》《浮梁志》各一條，其《浮梁志》佚文「在縣西十步」，知亦是縣志。當朱明初，「兵燹二十餘年，文籍無一存焉」，《大典》所可依據者，唯徐、計二本。計志後出，又有刻本行世，故以《大典》佚文系於此，或無大誤。

〔永樂〕浮梁縣志

王失名等修　朱昭等纂 王某，字士登，松江人，永樂七年知浮梁

縣。　　朱昭，字克彰，邑人。

明永樂十七年（1419）刻本　佚

光緒《江西通志》藝文略：《浮梁縣志》永樂十七年邑人朱昭修。

朱昭序永樂壬辰，邑宰王公囑邑士汪公源偕昭訪采而續正之。越三年，不意王公以事去。汪公既歿，余欲損其太過而益其不及，然予奪之筆，不敢僭焉。永樂己亥，幸遭聖朝編集《大一統志》，條成凡例，頒佈中外，爰命儒臣駐節各郡，廣延儒士，諏詢典實。時典教袁公吉、司訓唐公敏偕邑儒方子剡等，囑余披採編集。余既金氏羽成、鄭氏景昭、李氏貴清、庠生計氏泳、王氏敏、馮氏誠，恪遵上命，夙夜於公，不敢小怠。凡事之有關於世教者，與夫山川風俗、文章宦跡，具載畢舉，大無不包，小無不錄，殆見昔之亥豕者粲然複明，囊之湮沒者了然在目，視前之缺略者大有徑庭矣。書成，會本郡儒官校讎無謬，撮其樞要，類成郡志以進。愚獲廁校修，睹文明盛治，車書一統，敢請鋟梓，以廣其傳……

【按】是志經始於永樂十年壬辰，知縣王命邑人朱昭等取舊志續正之。十七年己亥，修《大一統志》，頒示條例，分派儒臣駐節各郡。朱氏等奉命重加披採編集。書成，擇要類次為郡志。朱氏復請刊刻此縣志，以廣其傳。縣學教諭唐敏亦有序，記此志內容曰：「今浮梁之志，始於沿革而終於詩文，事事物物，靡所不載。其間之益於治道者，如古今名宦忠孝節義之類尤多，視《禹貢》《周禮》職方加詳焉。」

〔嘉靖〕浮梁縣志[1]

劉守愚修劉守愚，字克明，湖北興國州人，正德十二年（1517）進

士，十三年知浮梁縣。

明嘉靖元年（1522）修本　未見

【按】此志未見著錄。萬曆《浮梁縣志》黃龍光序曰：「先是，縣故有志，說者謂自嘉靖壬午、辛丑而外，僅取紀時月備圖牒耳。」知嘉靖元年、二十年邑當有志。康熙陳志卷九之末「論曰」：「浮志三成，悉出巨公卿手，實氣運之隆也。劉志甚簡，周志始詳，王志大備，蒞茲土者景仰前徽，恒稟其成式，以厚風化。」此稱浮志三成，有劉志，不及嘉靖汪志，而歷修浮邑志及《興國州志》均不記劉氏修志事，姑錄之以俟考。

〔嘉靖〕浮梁縣志[2] 十四卷

汪宗伊修汪宗伊，字子衡，崇陽人，進士，嘉靖十九年知浮梁縣，歷官戶部尚書。

明嘉靖二十年（1541）刻本　未見

《千頃堂書目》卷七：汪宗伊《浮梁縣志》十四卷。

阮元《天一閣書目》。

光緒《江西通志》藝文略：《浮梁縣志》十四卷嘉靖中知縣汪宗伊修。

盧瓊序汪侯少泉蒞政二年，惠覃愛洽，易沴為和，人阜物暢之暇，未嘗釋卷。乃披閱群書，諮諏眾論，取舊志規之，倏而就棄，屬予敘焉。因歎曰：是何秘且疾也……及觀所輯，其綱曰記，曰表，曰志，曰傳，皆本之《史記》《漢記》。其目若干條，則煩者刪之，脫者補之，抵牾者辨之，訛謬者釐之。至於諸傳之立，善善惡惡，發潛抑溢；而酷吏悖民，皆他志之所諱而未有。讀是志者，一邑之事如指諸掌，而畏惡從善之心亦將

惴惴焉……

【按】康熙陳志卷五官制，記汪宗伊嘉靖十九年來知縣事，盧序又曰「蒞政二年」，故知此志修於嘉靖二十年，其成也「秘且疾」。駱兆平《天一閣藏明代地方志考錄》謂汪氏嘉靖十六年之任，不知何據。乾隆、道光邑志無汪氏至任年月，但皆記其上任毛文炳嘉靖十六年任，下任楊僎二十二年任。駱氏《考錄》推略其書修於嘉靖十八年任，蓋誤。萬曆縣志黃龍光序曰：「先是，縣故有志，說者謂自嘉靖壬午、辛丑而外，僅取紀時月備圖牒耳。」辛丑即嘉靖二十年，殆即汪氏此志。

〔萬曆〕浮梁縣志八卷

周起元修周起元，字仲先，福建海澄人，進士，萬曆三十年知浮梁縣。

明萬曆三十三年（1605）刻本　佚

光緒《江西通志》藝文略：《浮梁縣志》萬曆三十二年知縣周起元修。

周起元序余於是不敢重為諸君子累，乃掎摭其成說，謀之學士王君及材子弟，妄取義而鉛簡……綱凡八，目六十有四。先天地之宜，次養教之權，次司牧之任，次人倫之宗，而以藝文貫其終焉。或文省舊，或事增前，亦既罄力紆衷、核虛明隱矣。乃怏成而考其匯，所增者、所省者、所逸者各居三之一……（萬曆乙巳春）

【按】光緒《江西通志》錄此志為萬曆三十二年修。周氏自序於萬曆乙巳（三十三年）春，知其書當刻竣於三十三年。又周氏謂此志綱凡八，目六十有四，其詳則無以考知。

〔清〕（浮梁）縣志考誤

朱來繡纂_{朱來繡，字君裳，邑人，庠生，著有《辟佛編》十卷等。}

清初修本　佚

乾隆淩汝綿《浮梁縣志》卷十一藝文：《縣志考誤》_{朱來繡撰。}

【按】康熙二十二年陳淯《浮梁縣志》卷九續志，有朱來繡傳，入孝友，曰「《縣志考誤》《摘謬》二書，刪定精審，今頗從之。」乾隆淩志卷八亦有朱氏傳，入儒林，曰：「與修前志，其先著有《縣志考誤》《摘謬》二書，當時多取裁焉」。淩志藝文置朱氏此二書於康熙志之前，今從之。其書約撰於順治至康熙初年。

〔清〕（浮梁）縣志摘謬

朱來繡纂

清初修本　佚

乾隆淩汝綿《浮梁縣志》卷十一藝文：《縣志摘謬》_{朱來繡撰。}

〔康熙〕浮梁縣志[1] 八卷首一卷

王臨元修　曹鼎元等纂_{王臨元，字戒初，山東聊城人，順治十八年進士，康熙九年知浮梁縣，十三年卒於官。　曹鼎元，字二資，邑人，康熙八年舉人。}

清康熙十二年（1673）刻本　闕

光緒《江西通志》藝文略：《浮梁縣志》八卷_{康熙十二年知縣}

王臨元修。

《中國地方志聯合目錄》。

王臨元序浮志自萬曆乙卯以後缺而不存者六十餘年，臨元承乏昌江，慨然有纂修之志……聖天子復有纂修通志之盛典，爰遵功令，延耆碩，購遺編，聚館而仇校之，刪繁就簡，言必征實，以不敢自歉於本心者自歉於功令。諸名賢博識，共相尋討，凡徭役之必詳其舊，山川之必審其名，城郭、宮室、學校、倉庚建置之必考其沿革源流，與夫高賢名宦、嘉言懿行、孝子節婦、逸士方技可以表正人倫、扶掖風俗，舊志未備後來所日增者，寸長必錄，片善兼收，毋虛美，毋遺行，編纂成帙，為一邑全書……（康熙癸丑孟秋）

【按】此志奉檄修，合卷首凡九卷，卷首境圖、舊敘，卷一興地，卷二天文，卷三建置，卷四賦役，卷五官師，卷六選舉，卷七人物，卷八藝文、雜紀。其體例與舊志有不同者，於凡例中舉其大端。如舊志人物列傳不書居鄉，新傳並舊傳之可考者皆補入。又人物舊分列傳、政事、文學、理學、廉介、忠貞、賢良、儒林，名目難確，此志則以死難者列名忠貞，已仕者俱入名臣，未仕者俱入賢士，無職者載入隱逸。

〔康熙〕浮梁縣志[2] 九卷首一卷

陳淯修　李緝奇等纂陳淯，字白水，福建人，以撫州府通判署知浮梁縣事。　李緝奇，字特生，邑諸生，康熙三十年歲貢。

清康熙二十二年（1683）刻本　存

清康熙末續修刻本　存

光緒《江西通志》藝文略：《續浮梁縣志》一卷康熙二十一年

署知縣陳淯修。

《中國地方志聯合目錄》。

黃家遴序邑舊有志，寅卯之變，燬於兵燹。署縣事撫州別駕陳君、教諭鄧君、訓導周君相與慨然興復，捐俸修之。邑士大夫咸樂為助。屬諸生李緝奇、俞日旦、李璣、李志先、鮑宗昌、姚日照等分類編纂，君與鄧、週二君親裁定焉。書成，較之舊志更為詳核……（康熙二十一年季秋）

陳淯序於是捐俸倡先，揖紳士里老於庭，共襄斯舉，厎工就棗，刊佈成書……（康熙二十一年仲秋）

周之文跋志修於癸丑，業有成書矣。緣甲寅風鶴之警，版付爐餘，且又見聞中斷十年於茲，文獻未免無征，實為此邑缺典。幸糧台攝縣事陳，毅然以修續為己任，訪求境內諸逸事，凡邇來宦績鄉評、節孝義行等，各廉實以狀聞。公覆省視，甲乙可否，然後以授載筆者，公是公非之際，蓋其慎也。至若學校之圮飭有時，甲第之先後相繼，戶口徭賦有盈縮，官師建置有異同，率補綴更訂有差，其在癸丑以後者巨細必登，詳略適宜……（康熙壬戌孟冬）

【按】茲志九卷首一卷，首卷及卷一至卷八，即王臨元修本，陳淯重為刊佈。卷九乃陳氏續輯，依王志款目逐條記載；無可續者如「輿地」「星野」等，則於標目下書曰「仍前」。又於卷首增入知府黃家遴、攝縣事陳淯、知縣張琨、守備胡尊德諸序，書末有教諭鄧燫、訓導周之文跋。張序自署「康熙二十二年歲次癸亥春王正月」，知此志刻竣於是年。卷九末有續修者「論曰」：「浮志三成，悉出巨公卿手，實氣運之隆也。劉志甚簡，周志始詳，王志大備。蒞茲土者景仰前徽，恒稟其成式，以厚風

化。迨其後風俗漸移而政治亦有損益，識者不無遺憾焉。茲所續者，沿舊增新，詳略咸宜，另為一卷，附前志之末，以成全書，庶足供珥筆者之採擇焉。□事之暇，父老為予言十載間事甚悉，而志中每多微辭，尚□司牧者軫念哉。」此志臺灣成文出版社影印日本內閣文庫藏本，其卷八之末有詹槐芬《重浚學塘記》（康熙三十七年立石）、康熙四十年生員朱昆齡等控兵房曹維鳳侵欺景鎮官地租銀事勒石文、康熙四十七年生員金之英等因侵欺賞格呈文、《清複啟聖祠基碑記》（康熙二十九年），此數篇文字記事至康熙四十七年。又卷九中亦頗見後於康熙二十年之文字，如「選舉」中記有康熙三十年貢生，「陶政」中有《康熙四十八年奉憲永禁匠役剝民碑》。知內閣文庫藏本非二十二年原刻，當為康熙末年續修刻本。

〔乾隆〕浮梁縣志[1] 二十卷

沈嘉徵　李涪德修　汪　壎纂沈嘉徵，字懷清，浙江山陰人，雍正五年由樂平調補浮梁知縣。　　李涪德，字敦複，奉天正黃旗人，乾隆七年知浮梁縣。　　汪壎，字沅愔，邑人，雍正二年進士，歷知直隸阜平、饒陽、福建沙縣，升河南鄧州知州事，著有《西麓漫稿》五十卷。

清乾隆七年（1742）刻本　　存

光緒《江西通志》藝文略：《浮梁縣志》二十卷乾隆七年邑人汪壎修。

《中國地方志聯合目錄》。

沈嘉徵序余以菲薄，承乏茲土……獨念縣志久未續修，歲月既深，恐遂墜逸，乃集邑中紳士，敦請名宿，共為是書……考自諸經列史以下，

至於山經地志，皆得參稽，而尤幸萬曆之周志猶存，觀其持論獨公，借為進退，於是校於王志，更訂不少，過此以往，續而書之，而六十餘年之人物政事莫不燦然列在簡編……（乾隆四年季夏）

李洊德序余為承乏揚榷，諸所纂組一以事信理切為歸，即在舊志，利鈍既分，不辭爐錘，越月餘而書乃成……（乾隆壬戌仲夏）

汪壎序……沈侯以循吏際聖治累洽之日，宣化茲土，遊刃多暇，因取舊志，重事比輯。久而未就，商及於余……勉從侯後，遂破成範而為之……規模粗定，侯論最擢粵西象州牧。權尹丁侯，其難其勤，雖承事勿替，而卒業未遑。幸今李侯下車，實心實政，百廢俱舉，爰以鴻才卓識，克董厥成。始辛酉冬初，終壬戌春杪，中除臘、正，為期凡四閱月，所次表二、志十、列傳六、雜記一，通舊序與圖，為書凡二十卷……（乾隆七年暮春下浣）

【按】是志乃知縣沈嘉徵倡修。規模初具，而嘉徵擢官去。後任知縣李洊德畢成其書，於乾隆七年刊竣。乾隆二十一年（1756），志板毀於火，四十八年重修邑志時，欲覓此志全編已不易得。

〔乾隆〕浮梁縣志[2] 十二卷首一卷

程廷濟修　淩汝綿纂程廷濟，號肖野，浙江嘉善人，廩貢，乾隆四十四年知浮梁縣。　淩汝綿，號蘭梁，彭澤人，乾隆十五年舉人，知廣西柳城縣，乾隆四十一年以教諭偕補浮梁縣訓導。

清乾隆四十八年（1784）刻本　存

光緒《江西通志》藝文略：《浮梁縣志》十二卷乾隆四十八年訓導淩汝綿修。

《中國地方志聯合目錄》。

凌汝綿序浮邑舊有志，修自乾隆壬戌。越壬午，板毀於火，因循廿餘年，欲覓全編，幾不可得。辛丑，肖野程邑侯奉憲檄飭修，而難於經始，蓋慮經費之無措也，司事之無人也，眾議之難調也。謀諸縉紳先生，幸邦人士樂於赴義，查前辦公舊例以復。侯善之，聘請萬年進士王君朝翰董其事，開局於昌江書院。無何，王君以疾歿於籍，事稍間。壬寅，邑紳士方鳴、吳以尚、汪玉錦等仍謀蕆事，屬余共襄斯役。二月初吉，邑孝廉程學義、藍侃、明經吳治疆、金學光、諸生朱仁、黃兆鷹、李封、上舍錢文姚、葉數榮、閔日保、凌正圖等斟酌商榷，崖略粗具。厥後聚散不常，而常川在局者則方、朱、錢、葉、閔、凌六君子。三歷寒暑，備歷勞瘁。至於往來過從，樽酒談心，時則太史汪君洼等，相與參互考訂，補所不逮。閱十月脫稿付梓，成有日矣。詎訾議不一，支費維艱，不遵舊例，事仍中止……癸卯八月，仍召匠趕辦，至歲底告竣，成書十二卷……（乾隆四十八年嘉平月中旬）

【按】此志卷首載上諭、條議、修志引、條規、凡例、綸音、繪圖及舊序，其下則卷一疆域，卷二建置，卷三學校，卷四典禮，卷五食貨、物產，卷六官司，卷七選舉，卷八人物，卷九列女，卷十名跡，卷十一藝文，卷十二雜記，凡為綱十二，為目七十有二。其書發凡起例，有承舊志而因時損益改易者，如舊志沿革列表，未能悉舉一邑之錯綜變化；茲汰去。秩官，舊志亦表之，而丞、教、簿、尉易於混雜；茲志以官司統之，釐為上下卷，分類先列姓名，其有未經立傳而事蹟可紀者，則注於名下，下卷宦跡，則依舊志仍分為名宦、保障、酷吏三目。舊志藝文列邑人著述不下百種，大半有名無實；茲則於列傳中酌存一二，餘

皆從刪。又此番修志，立有《修志規條》，於舊志及新入志料凡
有「干礙」處審核苛細。其《規條》略曰：「廟諱、御名俱宜恭
避，其有違礙字樣均須加意檢點，其年號人名字有相同者俱遵部
頒字式改正」；「現經銷毀諸書名目及著書人名概行刪削」；「本
邑名宦名士著有書集、序文，無論刻板抄本，俱應開出，向各子
孫處取出原書，詳核有無干礙，分別採錄」；「凡宋人之於遼、
金、元，明人之於元，其記載事蹟有用敵國之詞語句乖戾者，俱
應改正，如有議論偏謬尤甚者即行刪削」；「各文集內奏疏札記
如經濟文編之類，如有違礙字句，即行刪改」；「舊志既宜細心
刪節，務歸簡當，所有應行新收入志者尤宜採訪確實，必毫無訾
議方可入志，至人物列女各門，風教攸關，尤不可不加嚴謹」。
此種種規條，固一時文網苛密所致，要亦為此志之特點也。又道
光邑志凡例批評此志之「沿革」曰：「淩志不稽載籍，間以己意
增損，如以梁陳時為隸江南路，武德八年置浮梁縣，皆無根
據。」

〔乾隆〕續增浮梁縣志一卷

何浩修何浩，字改夫，浙江會稽人，乾隆五十一年知浮梁縣事。

清乾隆五十七年（1792）刻本　存

《中國地方志聯合目錄》。

〔道光〕浮梁縣志二十二卷首一卷

喬溎修　賀熙齡　游際盛等纂喬溎，字秋圃，山西徐溝縣人，進
士，道光二年知浮梁縣。　賀熙齡，號蔗農，湖南善化人，進士，授翰

林院編修、國史館纂修。　　游際盛，字薈堂，樂安縣人，舉人，嘉慶十八年任浮梁縣訓導。

清道光十二年（1832）刻本　存

光緒《江西通志》藝文略：《浮梁縣志》二十二卷道光三年知縣喬溎修。

《中國地方志聯合目錄》。

賀熙齡序前志修於乾隆癸卯，迄今垂四十年。喬秋圃大令宰是邑，政事之暇，留意志乘，大懼年代闊遠，文獻無征，懿德幽光，鬱而不發，乃搜輯數十年來冊籍典章，前言往行，屬志于余……所賴秋圃大令秉之以公，學博東鄉胡君、長寧曾君、樂安遊君編纂之以慎，余亦惟持此無欺無私之心，兢兢從事而已……（道光三年七月既望）

左翰元序道光甲申正月，承乏司鐸昌江，適邑侯喬秋圃先生纂修邑乘，開局於癸未春，延賀蔗農太史董其事，協修者為東鄉胡公、長寧曾公、樂安遊公。旋邑人因事停止，迄今五載，爰謀竣工，而俾予同為校訂……（丁亥六月既望）

游際盛跋是志也，修於道光癸未、甲申之間，書成將發刻，以金、鄭二姓互訟，延擱十載。中間不無續增事件，自應另為一卷，第零星不成卷帙，仍分載各門之末。先是喬明府為主修，聘請賀太史總纂，予與同僚胡仲玉協贊之。賀太史秉筆五閱月而北上，胡仲玉成進士官京師，予責無可辭，遂始終其事。猶幸左同僚匡予所不逮。今金、鄭二姓已奉文照舊，理宜遵照刊刷給發。辛卯、壬辰兩歲，收成歉薄，平糶煮賑，為地方之義舉，應添荒政一門，俟續刻再發。此事予忝與局中，今樂觀厥成，爰復為之跋，述明修志起訖，以符體例云。（道光十二年九月）

【按】此志經始於道光二年，五閱月而書成將發刻，以金、

鄭二姓訟事，志事乃寢。道光七年，謀竣其功，未果。至道光十二年，訟事平息，乃復以此十年事件續增之，分入各門之末。延擱十年之久，乃有成書。卷首載敘、例、圖、上諭、舊序，卷一沿革，卷二疆域，卷三山川，卷四城池，卷五公署，卷六學校，卷七卷八食貨，卷九祠祀，卷十官師，卷十一選舉，卷十二名宦，卷十三至十五人物，卷十六卷十七列女，卷十八祥異，卷十九古跡，卷二十寺觀，卷二十一藝文，卷二十二雜記。又志目中有卷二十三荒政，志中實無此卷，乃遊跋中載明俟續刻者。此志名宦門無酷吏一目，此異於舊志者，其凡例曰：「舊列酷吏一目，非居是邦不非大夫之義。且志與史例有不同，史美惡並書，志詳善而略惡也。雖康對山《武功志》亦勸懲並舉，然非後人所宜效，故削之。」

▶ 樂平

　　茲錄得樂平舊乘十四種，上始於唐，下訖於清，綿邈千餘載，或官修，或私纂，不絕如縷。惜乎今存者僅清志五種，一邑文獻，尚賴此以征焉。

　　樂平初為餘汗東鄙之樂安鄉，東漢置樂安縣，屬鄱陽郡。南朝陳改稱銀城。隋省入鄱陽。唐武德四年，以銀城故地置樂平縣，九年省；開元四年復置，屬饒州。元升為州，屬饒州路。明復為樂平縣，屬饒州府。清仍之。

〔開元〕（樂平縣）記

佚名修纂

唐開元間修本　佚

《太平寰宇記》卷一〇六，饒州，樂平縣鄧公山，引開元《記》一條。

《江西古志考》卷三：《開元（樂平縣）記》未見著錄。按：《寰宇記》引開元《記》曰：「總章二年，邑人鄧遠⋯⋯陳開山之便，尋為山陷，後人立鄧公廟。」考諸沿革，唐武德四年復置樂平縣，九年省入鄱陽；開元四年，再次復置樂平縣。是《記》為開元間二度復置後所修，言「總章二年邑人鄧遠」，乃追溯前事，總章二年雖無樂平縣建置，然此「邑人」仍當指樂平人。吳宗慈、辛際周《江西八十三縣沿革考略》引《寰宇記》「總章二年邑人鄧遠上列取銀之利」，「邑」字下注曰「指樂平」，至確。南唐升元二年，升鄧公場為德興縣，有原樂平之銀山（即鄧公山，見《紀勝》卷二十三饒州，古跡），此又非開元《記》所及。順治《樂平縣志》敘邑乘修撰源流，以李士會《樂平廣記》為始修者，曰：「樂平起漢建安，迄宋德祐，上下千載，無紀事之書。」今錄開元《（樂平縣）記》，知此說之失察。

樂平志

佚名修纂

修纂年不詳　佚

《明一統志》卷五十，饒州府，形勝洪岩鬱蔥，引《樂平志》一條。

《中國古方志考》：《樂平志》佚。

《江西古志考》卷三：《樂平志》按：《明一統志》引《樂平志》一條，撰人、撰年俱無考。張國淦氏列置李士會《樂平廣記》前，不知有何依據，姑仍之。

〔德祐〕樂平廣記三十卷

李士會纂李士會，字有元，邑人，又撰《孝感志》。

宋德祐元年（1275）修本　佚

《千頃堂書目》補：（元）李士會《樂平廣記》三十卷字有元，邑人。

錢大昕《補元史藝文志》：李士會《樂平廣記》三十卷字有元，樂平人。

倪燦《補遼金元藝文志》。

《中國古方志考》：《樂平廣記》三十卷元，佚。李士會纂。按：順治《樂平縣志・文學》：李士會，以樂平起漢建安，迄宋德祐，上下千載，無紀事之書，聞前輩有能道邑中事，不憚百里往諮之，又采諸史及古今石刻文章所載，風鈔雪纂，成《樂平廣記》三十卷，而後邑之文獻始足徵。

《江西古志考》卷三：《樂平廣記》三十卷元，李士會纂。

【按】李士會《樂平廣記》三十卷，自《千頃堂書目》以下諸家俱錄於元，非是。自順治至同治各本邑志，並錄此書於宋。各志皆有李士會傳，亦皆列諸有宋，不入元。其傳略曰：士會以樂平起漢建安，迄宋德祐，上下千載，無紀事之書，聞前輩有能道邑中事，不憚百里往諮之，楊簡、曹彥約紹熙、慶元間嘗知是邑，遺愛在民心，則走江浙訪及子孫，盡得當時施政教之實，又

采諸史及古今石刻文章所載，風鈔雪纂，成《樂平廣記》三十卷，而後邑之文獻始足徵；據待制李燊稱，其紀述備，考核精，筆削嚴，可方古史；郡守方天驥稱其拄腹幾千卷，殆有不出戶而知者。據此，知李氏此《記》修於宋德祐，下距元人統有天下僅四年。

〔明〕續樂平廣記十卷

洪初纂洪初，字善初，邑人，洪武初舉明經，署本縣學訓導，用薦知開封府洧川縣，召入翰林校書，以鄱陽文學致仕。

明初修本　佚

《千頃堂書目》卷七：洪初《續樂平廣記》十卷邑人，明初舉明經，官洧川知縣，續元李士會作。

光緒《江西通志》藝文略：《續樂平廣記》十卷洪武間邑人洪初修。

《江西古志考》卷三。

【按】光緒《通志》錄此《續記》，曰「洪武間修」，蓋誤。按乾隆縣志卷二十儒林，曰「邑宰張彥方以《樂平廣記》後迄國初未有記事者，因請洪初續之，遂成《續廣記》十卷」。又卷十一名宦：張彥方，浙江龍泉人，建文元年自以給事中乞便養，知樂平；永樂元年發兵勤王，被執，不屈死。又卷二十八藝文，載洪初《菜軒記》一文，云：「維秋九月，邑學以例當試諸生業，予以衰眊，邑大夫張侯俾司其事。」此時張氏在任，洪初已致仕家居。張氏以建文元年來知縣事，卒於永樂元年勤王之役（繼任趙克深，永樂二年任），此《續記》為洪氏受張令之請而作，是

當撰於建文元年至永樂元年間。

〔正德〕樂平縣志

張文應修　詹陵纂_{張文應，字廷鳳，晉江人，由舉人正德十一年}知樂平縣。　　詹陵，字艮卿，號雪崖，邑人，弘治十一年舉人，授鄭州學正，升咸遠知縣，著有《道統圖說附注》。

明正德十四年（1519）修本　佚

光緒《江西通志》藝文略：《樂平縣志》_{正德十四年知縣張文}應修。

張文應序_{正德丙子，文應承乏樂平，首詢邑志於鄉士夫，僉曰：邑}之建置自漢，迄今僅得鄉彥宋李士會《廣記》，世遠而湮。國朝編修程正之纂《傳稿》而未竟，志實吾邑缺典，殆有俟于君子……戊寅秋，鄉士夫暨邑學師儒復以是為言，幸歲頗稔，拊循少暇，遂聞諸郡侯羅峰林公，聘致邑賢雪　詹君艮卿獨主纂修。既成，祈王公序於前矣。文應與校正，不敢無一言以殿末簡……（正德十四年四月）

【按】張序記邑人程楷纂《傳稿》未竟事。考後志本傳，程楷字正之，成化二十三年進士，授翰林院庶起士，除翰林編修，與修《皇明通典》《憲宗實錄》，又著有《史斷》《玉亭集》等。楷纂《國初樂平人物傳》一卷，張氏正德志嘗取法之。（順治縣志範文程式）

〔萬曆〕續樂平廣記十冊

高遜纂_{高遜，字惟學，邑人，廩生。}

明萬曆間修本　佚

同治《樂平縣志》卷九藝文：《續樂平廣記》十冊_{高遜撰}。

【按】乾隆《樂平縣志》卷二十儒林，有高遜傳，云遜「晚隱山中，凡先達詩文輒手錄之，輯有《樂平續廣記》八冊，時修邑志，知縣金忠士取而閱之，因書『番東異才』以榜其廬」。書名卷帙俱異於同治《縣志》藝文。

〔萬曆〕樂平縣志

金忠士修　程道淵等纂_{金忠士，字元卿，號麗陽，宿松籍休寧人，萬曆二十年進士，當年十月知樂平縣。　程道淵，字原洛，邑人，嘉靖四十年（1561）舉人，歷官雲南鶴慶軍民府知府。}

明萬曆二十五年（1597）刻本　佚

光緒《江西通志》藝文略：《樂平縣志》萬曆二十九年知縣金忠士修。

金忠士序_{會今上允禮官之請，下詔修輯國朝正史，移文采寰內郡縣志載各地人物……用是郡伯林公仰承德意，取郡志而新之。不佞領樂屬，得以從事茲役，實償夙心。因設局，幣延鄉士大夫暨諸文學之瑰於行而嫺於辭者……惟時鶴慶太守程公道淵、巫山縣令程公服哀、孝廉徐君震、王君承永、葉君之培、程君之祐、周君之文、武舉方舟、弟子員程生尚友、王生啟元、程生之屏、陶生文煥、逸民詹氏文憲、夏氏子羽，相率受事，矢心秉公，廣搜羅，精考核，嚴去取，視舊志謬者正之，闕者補之，蕪穢者芟除之，用以全其所未備，而易其所未安……編摩自夏徂冬，迄數月而成稿，示不佞。不佞重加翻閱……爰命剞劂……（萬曆丁酉春三月）}

【按】清順治《樂平縣志》范文程式曰：「萬曆丁酉（二十五年），邑令金君復率諸君子修正之，義例明備，紀事核而論人

公，江右諸邑志無善於樂者。」光緒《通志》錄為「二十九年修」，蓋誤。

〔順治〕樂平縣志十四卷

王德明　索景藻修　程紹明等纂 王德明，字克之，大興人（一作盛京人），順治六年明通進士，八年四月來知樂平縣。　索景藻，字二因（一作二英），蒲城人，順治九年進士，十年來任樂平知縣，卒於官。　程紹明，字景純，邑人，萬曆四十年舉人，河南商水教諭，升山東寧陽知縣。

清順治十六年（1659）刻本　存

光緒《江西通志》藝文略：《樂平縣志》順治九年知縣王德明修。

《中國地方志聯合目錄》：《樂平縣志》十四卷 王德明修，程紹明、胡士懿等纂。清順治十一年修，十六年刻本。

王德明序 余辛卯承乏茲土，次微文獻，詢樂邑先後事宜，自一二博雅外，若與讀上古書，譚先世事，意甚惑焉。越已酉距今只歷十餘年所，乃已隱顯晦明若此，倘沿及後，其為湮沒勿傳可勝道耶。遂慨然與泊地人士實續斯役，己酉以前文仍舊，後此缺略者補入之。序次將竟……斯役也，董其事者時惟孝廉程君紹明、徐君應昂、王君道明、明經胡君士懿，吳君文營、太學生範生斂、弟子員李生日新、程生守默、李生英、王生德元、程生開燕、方生九臣，逸民葉氏聯芳、陶氏之成、程氏廷祥，宣心校理，共襄不逮者也，例得備書。（順治癸巳春王正月）

索景藻序 歲在癸巳，余奉檄尹泊，下車詢邑志。諸父老為余言曰：泊志劫諸祖龍，前令謀劃壽諸木，未竟。余曰：有始焉者則必有終焉，曷

敢辭。但舊帙已成，勿庸輯，獨新載者尚僉謀未定也。用是備覽全書……今古燕未竟之志而余續焉……仰承我師之志，通觀厥成，以副異日采風者之擇取焉耳，謂余未嘗修也可。（順治甲午端月）

【按】是志經王、索二知縣之手始有成書，列為地理、秩官、惠政、選舉、人物、敕制、言行、祠廟、食貨、雜志、藝文諸綱，都十四卷。

〔康熙〕樂平縣志十六卷首一卷

宋良翰修　楊光祚等纂宋良翰，號笃庵，河南武安人，康熙十五年由萬年縣丞升任樂平知縣。　　楊光祚，字伯永，邑人，順治十四年舉人，聘修縣志，又與修郡志，著有《經濟鴻書》《沿溪思親錄》。

清康熙二十年（1681）刻本　存

光緒《江西通志》藝文略：《樂平縣志》康熙二十年知縣宋良翰修。

朱士嘉《美國國會圖書館藏中國方志目錄》。

《中國地方志聯合目錄》。

宋良翰序復蒙上憲移檄下郡，諄諄以志為念，適與意合。遂捐俸謀諸紳士父老，僉快予說，願各佐貲為鳩工費。予因聘邑之醇謹有德、博洽能文者董其事……殷殷補綴，登諸梨棗，以裹一代之典……（康熙二十年仲春月）

〔乾隆〕樂平縣志[1]

陳訥修　楊人傑等纂陳訥，號敏庵，陝西寧夏靈州人，舉人，乾隆四年來知樂平縣，十三年卸事。　　楊人傑，號岸堂，江西鉛山人，明

通進士，乾隆九年任樂平縣教諭。

清乾隆十三年（1748）刻本　未見

光緒《江西通志》藝文略：《樂平縣志》乾隆十三年知縣陳訥修。

陳訥序丁卯春，余屬以纂修邑志，楊君則徵文考獻，深得《通考》遺意，又謀及邑中紳士，參稽互訂。夏五月，稿脫，示余，付之剞劂。今戊辰春，余喜斯役之有成，例得颺言於簡端……（乾隆十三年正月）

【按】據陳訥序（乾隆十三年正月）、楊人傑序（乾隆十三年八月）及乾隆十七年王猷序，此志知縣陳訥經始於十二年丁卯春，至夏五月稿脫開雕，十三年戊辰春告成，「而論者蜂起，摘其瑕以速訟，上至會城」。陳令解組，王猷繼任，乃命詳加更定，成十七年縣志。光緒《江西通志》以十三年志與十七年志分錄，是。

〔乾隆〕樂平志補

鄒儒纂鄒儒，字企峰，號對峰，邑人，拔貢，官浙江慶元、陝西周至、武功等縣知縣。

清乾隆十五年（1750）刻本　佚

同治《樂平縣志》卷九藝文。

鄒儒序樂平為古餘汗地，又隸於鄱陽郡，故宋以前人物事實文章，多散見於他邑。至宋德祐時，邑人李士會始走四方收羅散佚，作《樂平廣記》三十卷，而全志始基此焉。明正德己卯，張侯文應修之。萬曆丁酉，金侯忠士又修之。國朝順治癸巳、甲午，王侯德明、索侯景藻相與續修之。皆網羅散失，勒成一書，完如也。因一殘於流寇，再壞於耿藩，雕版

既毀，遺本又亡，而遂不堪複問。迄康熙中，邑侯宋公良翰曾拾遺補缺，復成一編。然收者甚少，而缺者恒多，究非完本也。余不敏，少而肄業家塾，長而遊學四方，間從史籍以及他說邑中人物事實文章散置於冊帙者⋯⋯因輒隨時手錄，什襲巾箱，擬補前志之缺⋯⋯苟散佚之，其幽光自在，何如收而匯諸志乘，使光騰桑梓之為快哉。猶憾見聞不廣，未易窺全豹為可惜耳。歲戊辰，邑侯陳公敏庵、學博楊君岸堂，復有邑乘之舉。時予適以周至令署武功，道既阻長，而事又煩劇，未及將錄本見寄，俾得一併纂入。今不得已，乃付剞劂氏，附於卷末，名曰《志補》，以俟後之君子擇焉。（乾隆十五年三月上巳日）

【按】乾隆十七年《縣志》王猷序曰：「鄒明府向輯有《樂平志補》，余卒業焉，竊喜其考核精詳，多所裨益，欲採取而纂入之。而明府以董厥事，恐滋眾口，願留其書以俟後之修者。遂不果。是則余胸之不無罣礙，而益歎修志之難也。」今存乾隆志末未見附有鄒氏《志補》，而後志則頗見採錄焉。

〔乾隆〕樂平縣志[2] 三十二卷首一卷續志四卷

王猷修　楊人傑　歐陽聯等纂 王猷，字兼諧，號霞峰，浙江會稽人，進士，乾隆十三年知樂平縣事。　歐陽聯，字履常，號素堂，江西彭澤人，康熙五十六年副貢，乾隆十五年任樂平縣學教諭。

清乾隆十七年（1753）刻本　存

清嘉慶十七年（1812）補板重印本　未見

光緒《江西通志》藝文略：《樂平縣正志》三十二卷續志四卷乾隆十七年知縣王猷修。

《中國地方志聯合目錄》。

楊人傑序邑侯陳公蒞政九稔，慨然有念於邑志未修，恐年遠無徵，爰於丁卯春詳請憲允，授簡於余……用是廣摭博采，析類編輯，提綱標目，視舊志壁壘一新矣。邑紳士參稽校讎，為功居多。夏五月開雕，至冬十月，而舊文釐訂已就，惟新增者俟輿情悉協然後續入。歲臘，同寅朱君靖峰新任，鴻才卓識，復為參閱，以期共襄厥成。亡何，戊辰春二月，陳公解組，浮梁邑侯李公、聞喜楊公相繼署篆，未遑終事。幸今會稽王公以名進士來蒞茲土……仍命予詳加更定，乃分正、續志，上之王公……（乾隆十三年桂月）

王猷序乾隆丁卯，陳公敏庵慨然議修，委其筆於楊學諭。戊辰告成，而論者蜂起，摘其瑕以速訟，上至會城，余不直之。楊已需次得令尹，莫可質詢。余亦將調任芝陽，亟欲清此塵牘。爰與鄒明府對峰、汪司訓東長、徐待詔公亮暨諸紳士公議之。欲息其喙，先平其心。余乃偷閒旬日，將前修之志逐一參考，冗者刪之，缺者補之，訛者正之，捐俸付梓，彌月告竣……（乾隆十七年季冬）

陳雲章序乾隆十二年，前令陳公復詳請修輯，屬筆於教諭楊君。輿情弗協，訐訟蜂起。越十七年壬申，稽山王公繼董其事，分為正志三十二卷、續志四卷，眾議以定。今又六十年矣……余覽續志，所載自捐建文廟諸人而外，率寥寥不多及。而正志中，如附遺書於建置，次雜記於祥異，入學名數不紀學校，駐防武職不列秩官，人物一門區目過多，不無繁複，揆之體例，竊有未安。且舊板庋藏不慎，殘闕者若干頁，余心嗛焉。思與邑之賢士大夫參互商訂，匯為全編。顧惟茲事重大，未敢率爾操觚。爰先檢校原本，補其訛落，以公費佐剞劂，使還舊觀。（嘉慶十七年八月）

【按】本志卷首《續志目錄》後有知縣王猷識語，曰：「茲志乾隆丁卯、戊辰、己巳間修於學博楊君人傑之手，業已成書，

因採訪失實，致滋物議，訐訟者數年。余奉各憲嚴檄，飭令確查重修，以成信史。因將輿情允協者歸於正志，以仰副上憲慎重名義之至意。其餘仍因楊君之舊，匯為四卷，題曰續志。劃若分犀，他日修志者自能論定也。」凡例又曰：「今番纂修，自丁卯五月起局，己巳刊刻粗就，因物議不協，至壬申冬書始告成。凡一切新增事蹟，經王侯之盛心，再三詳慎，不得已分為正、續二編，以俟他日論定。故歷時最久，乃克卒業。」茲敘修志始末及分作正、續編情由甚詳。蓋此《續志》四卷，乃續輯而不協輿情者，並非此次續修內容皆在此編，故《續志》僅有人物、列女、雜文、雜詩四目。《正志》三十二卷，卷一興地志，卷二卷三建置志，卷四名跡志，卷五至八食貨志，卷九祥異志，卷十雜記志，卷十一至十三秩官志，卷十四至十七選舉志，卷十八至二十一人物志，卷二十二方外志，卷二十三列女志，卷二十四至三十二藝文志。至嘉慶十七年，距此志之成已六十載，舊板殘闕訛落，知縣陳雲章乃補刊之，還其舊觀。陳雲章，號秋河，福建莆田進士，嘉慶十六年來知縣事。

〔道光〕樂平縣志十二卷首一卷末一卷

孫爾修修　黃華璧　汪葆泰纂孫爾修，字菊才，江蘇金匱人，順天副榜，道光二年知樂平縣，調署南豐，五年回任，六年奉文進京引見，七年回任。　黃華璧，字履厚，號浴青，邑人，嘉慶二十四年進士。　汪葆泰，字翟華，號兩河，邑人，廩貢生，歷任建昌府、撫州府教授及峽江縣教諭等。

清道光七年（1827）刻本　存

光緒《江西通志》藝文略：《樂平縣志》十二卷道光七年知縣孫爾修修。

《中國地方志聯合目錄》。

孫爾修序壬午歲，余自青陽調任樂平，適奉憲檄修縣志，乃集邑紳士名宿共襄厥事。甫定局，委署南豐，逾二年回任，又以俸滿引見，往返京師，迄今五載，而書始告竣……今所踵者陳志也。陳志大概出於學諭鉛山楊某之手，板初鐫，議論紛如，攻訐群起。陳既去，後任王公獻乃強分為正、續。嘉慶十七年，陳公雲章復補其殘缺。然今所踵，仍之者半，違之者尚不止半焉。非敢菲薄前人也，史以信為斷，去偏私，絕阿徇。文減事增，猶其後焉者也。維是學識寡淺，又書籍不多，難以稽考，年代頗深，難以訪查。且因循沿襲以來，乖訛滋甚，雖遲之又遲而後成，終未能盡歸雅潔……書凡為卷者十二，卷中為綱者八，為目錄者七十有八……（道光七年季春月）

【按】此志分列八綱，為輿地、學校、建置、食貨、秩官、人物、藝文、雜記。《續修四庫全書提要》評曰：「舊志每門皆繫以小序，往往雷同。此志則不贅一詞，以省繁複，殆仿諸康對山之《武功志》者。學校別為一綱，不混入建置之目，且列於建置之前，仰尊聖教，似頗有見。惟不列選舉志，而以選舉並歸人物志，分以宏詞科、進士、舉人、武科甲、童科、辟薦、貢諸、應例、雜進、封蔭諸子目。因其人物志分類及為簡略，除上舉關於選舉者外，餘僅有黔陽世家、潘陽仕籍、老壽、遺獻、流寓、列女六目，若普通所謂宦業、理學、儒林、文苑、忠義、孝友、善士之類，皆棄而不取。至其所載，率皆惟紀姓氏，其事實可紀者，於姓名下雙行夾註，秩官志之名宦亦用此法，不另作傳，實

事求是，務去浮華，未可以無選舉志而非之也。藝文志所載書目，依晁氏《讀書志》、陳氏《書錄解題》體裁，采名流序跋，選為提要，亦此志之可取者。」

〔同治〕樂平縣志十卷首一卷

董萼榮　梅毓翰修　汪元祥　陳謨纂董萼榮，直隸宛平舉人，同治八年十二月署樂平縣事。　梅毓翰，湖南武陵縣附監生，同治九年十月知樂平縣。　汪元祥，字麟瑞，邑人，道光十四年優貢，任宜春縣訓導，升蕭山縣丞、鄞縣知縣，以軍功保舉浙江補用知府。　陳謨，字選青，邑人，咸豐二年舉人。

清同治十年（1871）刻本　存

朱士嘉《美國國會圖書館藏中國方志目錄》。

《中國地方志聯合目錄》。

梅毓翰序天子御極之七年，詔下各直省纂修通志……歲庚午，毓翰奉命館樂平纂，時邑之賢而有著作才者方操管城以從事，不揣譾陋，獲參校焉……志既蕆事，例得颺言簡端，敬敘緣起……

【按】此志有牌記，題曰「同治九年續修」，朱士嘉《國會藏志目》及《聯合目錄》皆錄作同治九年刻本，而梅序未署年日。今檢卷六職官志，有同治十年六月胡友梅復任縣學訓導之記載，故知此志之刻竣當在十年。此志分門為十，子目五十有四，其體例悉依省頒，其凡例全錄通志之凡例，無一字增損。《續修四庫全書提要》評此志曰：「其體例之變更舊志者，舊志職官，文秩自督撫至巡道，武秩自提督至副將，但題名紀爵裡序年月而已；此志擇其政績功勳可紀，無論文武大小皆載實立傳，歸入名

宦。舊志武備，分兵衛、武事；此志作兵制、武事，言制則營汛、將弁、餉額、軍裝、馬匹，皆有樞政可紀，其曰武事，則前後用兵始末詳焉。宋施宿《會稽志》有討賊、平亂兩篇，此志蓋仿其意。舊志無選舉，而以科第附諸人物；此志則選舉獨為總綱。又舊志無金石；此志則為子目，附諸藝文。至於詩文，則分注各門各條之下，其無所附麗而不可刪者，並錄於書目之下，謂之文征，記載頗稱有法。惟職官志，文職中知縣有宋之郊者，頗有惠政，不為立傳，仍用舊志之例雙行夾註，多至二百餘字。考舊志之所以用夾註者，以無名宦傳耳。此志既有名宦傳，仍用夾註，不免自紊其例矣。」

（以上今景德鎮市）

▶ 萍鄉

昭萍為邑甚古，其志乘卻以明正德所修為先，前此俱無聞矣。正德志以下，萬曆朝凡三修之。至清，康熙間兩修之，乾隆、嘉慶、道光、咸豐、同治又續為纂輯。民國間邑人劉洪辟所茸，乃萍邑舊乘之殿軍。以上凡十二種，今可獲見者僅康熙癸亥以下六種，餘皆不存。

三國吳寶鼎二年，析宜春地置萍鄉縣，屬安成郡。隋屬袁州。元元貞元年升為州，屬袁州路。明洪武二年降為縣，屬袁州府。清仍明。

〔正德〕萍鄉縣志

高桂修　鄒暘纂高桂，字士期，鳳陽府潁上人，監生，正德十二年知萍鄉縣。　鄒暘，字善複，江西樂安人，弘治五年舉人，授太平縣

學教諭，升南京翰林孔目，再升景寧知縣。

明正德十三年（1518）刻本　佚

光緒《江西通志》藝文略：《萍鄉縣志》正德十三年知縣高桂修。

徐璉序正德丁丑夏，鳳陽穎上高氏名桂擢宰是邑。越明年，政務之暇，慨興修舉。因為翰林孔目樂安鄒公暘素善，稔知學博才高，遣吏禮請修輯。申於府，余嘉其善慮……過二月餘，遣庠生持志稿若干卷。余與同寅啟覽，見目錄條分，事實詳悉……今觀所志，若風土、形勝、財賦、吏治、人才、忠節之類，府志所載者盡收之，其所遺略者，考訂群書，博采風流，延訪士夫耆老之談，比事立言，匯次成編，繁不涉於雜離，華不流於浮誕。就中書載直筆，殆與史法合，則鄒公館閣才名，信不虛譽。志成，爰命鏤梓以傳……（正德十三年秋九月）

〔萬曆〕萍鄉縣志[1]

常自新修　劉文和　夏中纂常自新，字浴德，來安人，歲貢，萬曆六年知萍鄉縣。　劉文和、夏中，俱邑人，庠生。

明萬曆七年（1759）刻本　佚

光緒《江西通志》藝文略：《續補萍鄉縣志》萬曆七年邑人簡繼芳修。

簡繼芳序萬曆歲之己卯，萍鄉侯常君蒞政之明年也，經理政務，修舉廢弛，暇則取徵文獻，鏡古事實，以備參酌。因感於邑志之久缺也，乃以補訂請於郡大夫。郡大夫可之。即身任其事，以同訂委文學劉君文和、夏君中。其間建設之增易，官秩之代更，才賢之遞興，視舊志其所綴葺而釐正者居多。懿哉舉矣，乃走使海上，命予敘之冊首……自正德丁丑邑侯

高君纂修之後，今且週一甲子矣，六十年之典制安考哉。常君委心文學，力為補訂，以備一邑六十年之乘，蓋其功真有足多矣……為表以繫年，為志以紀事，為傳以錄行，為外志以備遺，侯得無終惠乎……（萬曆七年夏五月）

【按】光緒《江西通志》錄此志，謂「萬曆七年邑人簡繼芳修」。考繼芳號慶源，邑北隅人，萬曆五年丁丑進士，歷官雲南副使，所至稱廉謹，以老告歸，著《學葛堂集》十卷行於世。簡氏嘗兩為萬曆常志、萬曆姚志作序，而實未與志事；又主纂萬曆陸志，而未之序。光緒《通志》以簡氏序此常志，即錄為纂人，其於序文未嘗細讀，蓋誤。簡序所謂「以同訂委文學劉君文和、夏君中」者，實即此志之纂人，其事蹟已無以詳稽。萬曆乙酉姚一理序曰：「正德丁丑，高君始一修之，而屬筆於蕪，觀者弗愜其意。萬曆己卯，常君欲圖再修，而阻於力之不逮，惟摭拾所知數條以增入之，因仍龐蕪，觀者又弗愜其意。」簡氏序姚志亦曰：「萬曆己卯，常侯圖再修，尚多沿襲，故予序諸首，亦以終惠望焉。」然簡氏前序稱是志有表有志有傳有外志，是其體亦稱備焉。

〔萬曆〕萍鄉縣志[2] 六卷

姚一理修姚一理，字原純，福建建平人，舉人，萬曆十二年知萍鄉縣。

明萬曆十四年（1586）刻本　佚

光緒《江西通志》藝文略：《續補萍鄉縣志》六卷萬曆十四年知縣姚一理修。

姚一理序歲在甲申，郡大夫陶侯行部視事，慨然注念。適遇承乏，乃以命愚。愚祗命不敢不勉，每退食，輒尋繹舊章，考故實，參評得失，搜羅遺佚，發凡例，立綱目，續次編類，釐分六卷。浼寅學博為詳校之，愚因以綜其成。夫百乘之國肇於分土之基、故綱考輿圖，而目列沿革、星野、祥異、山川、形勝、風俗、方物、賦役隸焉；一國之務成於制度之周，故綱紀創設，而目列署宇、學校、城池、祀典、武備隸焉；經綸之績由於位事之能，故綱譜秩官，而目列政職、教職、屬職隸焉；政教之行關乎文明之運，故綱傳人物，而目列科第、薦辟、貢監、恩蔭、椽仕、學道、武勳、隱逸、耆壽、貞節隸焉；異端之流不入春秋之簡，故綱紀方外，而目列仙釋、仙女隸焉；纂集之篇咸有著述之跡，故綱錄藝文，而目列詩類、記類隸焉。核實剔訛，簡期其盡，質期其文，補葺古先之缺典，庶不病於杞宋之無征矣……（萬曆乙酉九秋朔旦）

【按】此志又有邑人簡繼芳、袁州府同知陶之肖序，簡氏序於萬曆丙戌春正月，此志當刻竣於是年。姚序記其書卷帙綱目甚悉。其書六卷，為綱六，曰輿圖，曰創設，曰秩官，曰人物，曰方外，曰藝文；為目三十，悉見姚序，茲不贅。

〔萬曆〕萍鄉縣志[3] 六卷

陸世勣修　簡繼芳纂陸世勣，字汝嘉，邠州人，舉人，萬曆二十年知萍鄉縣。　簡繼芳，號慶源，邑人，萬曆五年進士，歷官雲南副使，著有《學萵堂集》三十卷行世。

明萬曆二十四年（1596）刻本　佚

光緒《江西通志》藝文略：《萍鄉縣志》萬曆二十四年知縣陸世勣修。

陸世勣序余不佞承乏茲邑，見縣典蕪佚，思欲輯而新之，而難其人。適慶源簡大夫家居讀禮……因余之請而肯之，自春徂冬，詳為校讎，手自編輯，舉要刪繁，訂訛傳信，闕者補之，佚者綴之，條分理析，旨明目張，爛焉成帙……即欲付之剞劂氏，適迫於大計之役，乃納之行李。洎蒙恩復任，始繕而鋟之。又得南臬鄒大夫序其首，鳳坡易大夫序其終，夫以叢脞萍邑一乘，乃經營於三大夫之手，潤色於諸君子之長……（萬曆丙申七月）

〔康熙〕萍鄉縣志[1]

台瞻斗修台瞻斗，瀋陽人，貢士，康熙二年知萍鄉縣。

清康熙四年（1665）修本　未見

【按】此志未見著錄。康熙癸亥縣志凡例曰：「縣志之役，考舊而增新也。萍志始自明正德丁丑邑侯高公桂所錄宋本，其中不無殘缺魚魯。今合宋本與萬曆己卯、丙戌、丙申暨國朝康熙乙巳采輯纂修諸本，參考釐正，務求美善。」又曰：「自丙午迄今癸亥，其間理亂相尋，越十有八載，殫心竭慮，旁搜博采，校訂成帙。」此丙午即康熙五年，迄此次修志乃十八年。知康熙四年邑有成志，其時邑宰台瞻斗。今據以著錄。又據尚序，此書未刊行，其綱目卷次今無以考知。

〔康熙〕萍鄉縣志[2] 八卷

尚崇年修　譚詮等纂尚崇年，遼東人，蔭生，康熙二十二年知萍鄉縣，升全州知州。　譚詮，邑人，康熙二十二年歲貢。

清康熙二十二年（1684）刻本　存

光緒《江西通志》藝文略：《萍鄉縣志》八卷康熙二十二年知縣崇尚年修。

《中國地方志聯合目錄》。

尚崇年序旋奉部檄肅臨，因與學博暨諸紳士殫心竭慮，搜羅舊聞，得殘篇於灰爐之餘，刪繁舉要，飭故益新，山川、封域、國課、民瘼、人物、習尚，蔚然為一邑成書矣。回憶前明萬曆丙申，距今近百年，始克復授剞劂。則斯志也，詎不為曠典乎哉……（康熙癸亥季冬月）

【按】本志凡例曰：「是編以乙巳（康熙四年）道憲施、郡憲李、前令台、孟偕邑恩貢譚、錫命諸生等搜集舊本為斷制，癸亥秋奉藩台張、郡憲於檄行重修。」志凡八卷，目凡五十有三，而不設綱以統目。

〔乾隆〕萍鄉縣志十二卷

胥繩武修　歐陽鶴鳴纂胥繩武，字燕亭，山西鳳台拔貢，乾隆四十五年知萍鄉縣。　歐陽鶴鳴，字書山，彭澤舉人。

清乾隆四十九年（1785）刻本　存

光緒《江西通志》藝文略：《萍鄉縣志》乾隆四十九年知縣胥繩武修。

《中國地方志聯合目錄》。

胥繩武序余嘗署令安義矣，安志陋且殘，急宜圖之，任數月，不果。嘗署令豐城矣，時豐志未修也，任兩月，不果。嘗護纂饒州司馬矣，饒重陶業，宜專志，任兩月，又不果。嗣是授令萍鄉矣，明年修學宮，明年補城建龍神廟，明年輯書院，各以次竣。余且應邑志之請矣。余非敢擅志家長，志也云何，間亦肄業及之。余記鄭漁仲之言矣，其言曰：類書猶

持軍也，若有條理，雖多而治，若無條理，雖寡而紛……余念開館而來矣，歲俸所支，購古籍幾萬卷。公退之餘，值志稿匯到，檢書室中，燒白蠟，啜苦茗，悉心搜研之，微信疑，參異同，毋敢以苟率完公事……余因之例前志矣，陸志數二百四十三，尚志數二百八十四，今志數七百四十一……余今以事免官矣，一簣之差，虧及九仞……嘉我諸同志，矢願玉成，克期蕆乃事，幸亦察余之苦心也……（乾隆四十九年十二月既望）

【按】此志合卷首計之凡十三卷，設綱十二，綱各繫之以目，目下又有細目，即本志自稱「綱中有綱，目中有目」。卷首志序（即胥序）、志圖（圖六幀，各附識語）、志館（即纂修姓氏）、志原（即舊序）、志例（即本志凡例）、志說、志體（即本志目錄），卷一志天（稽象、稽時二目，細目不具錄，下同），卷二志地（辨方、辨境、辨土），卷三志制（建治、建祀、建工），卷四志賦（足民、足軍），卷五志教（隸城、隸鄉），卷六志兵（示備、示戒），卷七志官（稱職、稱政），卷八志名（紀遇、紀恩），卷九志賢（敘學、敘品、敘功、敘節），卷十志外（記游、記居），卷十一志古（集跡、集墓），卷十二志文（編甲、編乙）。每卷正文前或設引言，或有匯考，以規定本志之範圍，或為所志名義之考訂。此志體例頗新，綱目名稱與他志殊異，記事條理明晰，頗見修纂用力之勤。

〔嘉慶〕萍鄉縣志二十卷

張彭齡　周繼炘修　劉鳳誥等纂張彭齡，號述亭，正黃旗廩貢，嘉慶十二年以義寧州同知署萍鄉縣事。　周繼炘，號耿堂，順天宛平舉人，嘉慶九年知萍鄉縣。　劉鳳誥，字金門，邑人，乾隆五十四年

進士及第，晉翰林院侍讀學士，署國子監祭酒，歷官吏部侍郎，贈太子少保，著有《江西經籍志補》四卷、《杜詩話》五卷等。

清嘉慶十六年（1811）刻本　存

《中國地方志聯合目錄》。

張彭齡序丁卯之秋，余承檄視籮昭萍。明年春，邑人士以重修邑志請。先是，邑令胥嘗從事於斯矣，衰然大帙，發揮毛舉，可不謂有大揚榷乎。為前陳、懷兩郡侯所議，令修改之。而胥令以事去矣。踵至者於盤錯紛挐，數數然未遑及此，迄今蓋二十二餘年，事又有增於前者，修之誠不可以已也。顧余思綆短不可以汲深，是役也，非學優才贍不為功。萍之司治者耿堂周君也，時方借寇都昌，瓜期當代，蓋少待之。而邑人士堅請……余不能卻，設局於是歲之秋七月，訂正采掫，殆三月餘而周君歸矣。余以此告周君，歡然曰：是吾心也。又明年，稿成，郵致義寧……（嘉慶十五年季秋月）

【按】道光縣志黃濬序曰：「是志（按指道光志）之修，始於嘉慶庚午，輯而未成，訂其說者為宮保金門劉公。劉為吾師，其邑人也，於功為巨。」《中國地方志聯合目錄》錄為「陳建功修」，陳氏事蹟未詳。

〔道光〕萍鄉縣志十六卷

黃濬修黃濬，字壺舟，浙江太平人，道光二年進士，道光初署萍鄉縣事，道光四年知雩都縣，升寧都直隸州知州。

清道光三年（1823）刻本　存

光緒《江西通志》藝文略：《萍鄉縣志》十六卷道光三年知縣黃濬修。

《中國地方志聯合目錄》。

黃濬序是志之修，始於嘉慶庚午，輯而未成，訂其說者為官保金門劉公。劉公為吾師，其邑人也，於功為巨。繼而纂之者為邑賢士大夫，半餘授業生。余於茲編不過稍僭筆削，督其成而已，敢自功乎……（道光三年秋）

【按】此志十六卷，卷一輿地，卷二山水，卷三建置，卷四賦役，卷五學校，卷六武備，卷七祀典，卷八風俗、祥異、物產，卷九秩官，卷十選舉，卷十一人物、耆壽，卷十二列女，卷十三寓賢、古跡，卷十四釋道，卷十五藝文，卷十六藝文、雜記。

〔咸豐〕萍鄉縣志十一卷首一卷

陳喬樅修　陳喬樅，字樸園，一字樹滋，號禮堂，福建侯官人，道光五年舉人，以大挑分發江西，歷宰分宜、弋陽、德化、南城諸縣，咸豐九年知袁州府，著有《經說考》《三家詩遺說考》等。

清咸豐十年（1860）刻本　未見

【按】咸豐九年冬，陳氏攝篆茲郡，乃搜羅郡邑舊志，撮其有關治要者，輯為《袁州府志》，袁州各屬邑志一併成之。參見咸豐《分宜縣志》《袁州府志》識語。

〔同治〕萍鄉縣志十卷首一卷

錫榮　王明璠修　蕭玉銓　敖星煌纂　錫榮，字春浦，滿洲正白旗人，進士，同治八年署知萍鄉縣。　王明璠，湖北通山舉人，同治九年知萍鄉縣事。　蕭玉銓，原名若鋒，邑人，道光二十五年進士，翰林

院編修，候選知府。　　敖星煌，邑人，道光十六年進士，仕至河間府同知。

清同治十一年（1872）活字本　存

王明璠序其志自輿地洎雜誌十數卷，經若尚、若胥、若張逮若黃累輯，遞有成書。今大中丞劉公續修江西通志，檄所屬郡邑具稿以上，即以所具稿各為新志……前錫君春浦攝萍篆，纂輯未竟。予適承乏此邦，下車甫匝月，遽有楚南會匪之警……事平，乃複延邑文士踵成之……（同治十一年孟春月上浣）

【按】是志列為十綱，卷一地理，卷二建置，卷三食貨，卷四學校，卷五武備，卷六藝文，卷七沿革，卷八職官，卷九選舉，卷十列傳。其次第與他邑志乘殊異。綱下繫之以目，目凡六十有六，又附目三十有一。卷首載序、舊序、纂修姓氏、凡例、目錄、繪圖。原刻本纂修姓氏記纂修、鑒定、督修、總修、協修、總纂、分纂、採訪、校對、經理。一本自總纂以下四頁六十八人均刪去不錄，此本刊刻年代不詳。

〔民國〕昭萍志略十二卷首一卷末一卷

劉洪辟等纂劉洪辟，原名詠寬，字舜門，又字筱和，號廉園，邑人，光緒二十年舉人，揀選考取知縣，署知山西和順縣事。

民國二十四年（1935）活字本　存

《中國地方志聯合目錄》。

劉洪辟跋洪辟不揣樗昧，邀集同人，彙編邑志……確定簡章，派員征訪，就其所得，爬羅別抉，積稿盈筐。至去秋召集設館，一堂參校，持論斷斷，舊者改編，新者增輯，覆加審核，排印成書，免譏畫虎。是役

也，肇議癸酉，蕆事乙亥……

【按】此書卷末載本志執事職名，纂修兼館主為劉洪辟，編輯為李有鋆等十人，徵訪為段鑫等十一人，以下又列參校、測繪、繕校、庶務及倡修、協修各若干人。據劉跋，是志肇議於民國二十二年癸酉，蕆事於民國二十四年乙亥。茲志係私修，雖准官書範圍，而定名《昭萍志略》，免與官書喧奪。自清帝遜位，政改共和，五千年之帝制遽爾告終，一切典章制度不相沿襲，自難合併為一，故茲志記事訖請末而止。地志尤以圖為主，舊志諸圖率多苟簡，今測繪學發達，應選擇專家繪為精密之圖，俾新耳目而資參考，茲定為縣境總圖一、六區分圖各一、自治區域圖一，公廨、學宮、鼇洲書院亦各為一圖。舊志首列星野，此志以為孔穎達「分野之說訖無准衡」及謝啟昆《廣西通志》「劉知幾嘗論史家不當以天文作志，乃一隅小乘，每喜侈陳，甚至蠻夷村鎮，亦詳分星野，是亦可以已矣」之說最為有識，而因本邑舊志載之，故於星野舊說採擇從簡，其不予刪削者，留備占侯者決擇焉。歷代地志多闕氏族，本省通志亦然，茲修准胡氏《鹽乘》之例，以區域劃分氏姓，而不以世系貴賢論之，掌政者按籍而稽，地段之繁簡，門戶之盛衰，皆於此得其概。又易「名宦」為「政績」，俾不入祀典而確可述記者存焉。又舊志人物名目繁多，而所載未必盡得其當，此志除「名宦」改稱「政績」已入官師志外，其餘名目概行刪除，通稱列傳，以類相從；烈女節婦之類，經申報旌表或由地方證明者亦得登錄，另為列女傳。以上俱與舊志或異者，謂之是志之特點可也，亦時代之不同使然。茲志卷一興地，卷二營建，卷三氏族，卷四食貨，卷五官師，卷六學校，

卷七武備，卷八選舉，卷九卷十人物，卷十一卷十二藝文、風土，凡為綱十二，子目六十有八。

▶ 蓮花

蓮花置邑也晚，故至清乾隆始有志，此後道光、同治、光緒三修之，四志今俱有存本。道光志原刻於六年，至十七年又有佚名續修刻本，後者今存。光緒所修係私輯，不以志名，且未授梓，僅有稿本行世。道光、同治二志之綱目卷次悉仍乾隆志之舊，至光緒志始一變通之。

清雍正五年，以吉安同知移駐蓮花橋。乾隆九年，割永新、安福二縣地置蓮花廳，屬吉安府。民國二年改為蓮花縣。

〔乾隆〕蓮花廳志八卷首一卷末一卷

李其昌修李其昌，字敬伯，號漣溪，四川硤石人，進士，乾隆二十三年任蓮花廳同知。

清乾隆二十五年（1760）刻本　存

光緒《江西通志》藝文略：《蓮花廳志》十卷乾隆二十四年知廳事李其昌修。

《中國地方志聯合目錄》。

蔣衡序蓮花之為廳也，為吉郡分治，自康熙三十七年始析永新、安福二邑地而建置焉……創治以來，官師之擢去靡常，故於志乘缺然無聞。李君佐守是邦，慨焉首為己任，旁搜廣輯，綱舉目張，兩閱歲而書成……（乾隆己卯仲冬）

【按】此志卷首有李其昌、蔣衡、高積、王銘琮、亢保、敏

文、湯聘、黃為兆、張拜賡、阿思哈、董榕、崔銓、積善等撰序文凡十三篇，李氏自序於乾隆二十五年，此志刻成於是年。其書合首末凡十卷，卷首序文、凡例、繪圖，卷一天文志，卷二輿地志，卷三賦役志，卷四建置志，卷五秩官志，卷六選舉志，卷七人物志，卷八藝文志，卷末雜志。此志之凡例極詳，共列為七十四條。蓮花廳乃永新、安福地析置，康熙三十七年始分防置廳治，土宇版圖則肇於乾隆九年，故此志於永、安二邑舊志常參酌之。而發凡起例，兩邑舊志或依次鋪敘，未協體裁；或弁以數言，絕無意義。此志則重為規劃，大綱細目，展卷了然。

〔道光〕蓮花廳志八卷首一卷末一卷

李蔭樞修　李素珠纂李蔭樞，呈貢人，進士，道光三年任蓮花廳同知，六年回任。　　李素珠，字聯五，邑人，嘉慶十四年恩貢。

清道光六年（1826）刻本　未見

清道光間續修刻本　存

光緒《江西通志》藝文略：《蓮花廳志》道光二年知廳事李蔭樞重修。

《中國地方志聯合目錄》：《蓮花廳志》八卷首一卷末一卷李其昌原本，李蔭樞續修，李素珠續纂。清道光六年增刻本。（注：秩官續至清道光十七年。）

李蔭樞序蓮花廳為永新、安福舊壤，康熙年間肇建廳治。越六十載，西蜀李君蒞茲土，於退食暇集二乘之軺，博稽廣搜，特加條例，補所未備，兩更歲龠而志成，綱舉目張，大有關於政治風俗人心，允堪垂為不朽者矣。惟是百里而近之版圖歷久不變，數傳以後之人物隨時遞增，非有

以補輯之，奚以信今而傳後。余甫下車，有李明經、賀明經等攜道光二年
重修志書請序。余取而閱之，自乾隆庚辰迄今甲申年間，勤職宣猷者若而
人，成名登籍者若而人，砥節勵行者若而人，及琴水書院、考棚諸記，補
錄無遺，井然不紊，俾披覽者按冊可考，並以備他日輶軒之采。至若山
川、水土、戶口、賦役以及積儲、守禦諸大端，原序詳言之矣，未贅。
（道光六年夏月）

【按】此志於乾隆庚辰以前事，襲用李志舊版，內容、格式
均無所改易；增輯新事，則依原類目分別補入。據李序，此書為
李素珠等所纂，成稿於道光二年，而蔭樞自署為道光六年，知此
書當有六年刻本。今所見本，卷五秩官（同知、訓導）及卷六選
舉（例貢）俱記至道光十七年，當係十七年以後人增輯，已非蔭
樞原本。增輯者名氏，今未能考知其詳。

〔同治〕蓮花廳志八卷首一卷末一卷

張樹煊修　張敬書等纂張樹煊，字香坪，湖北沔陽州人，以軍功
同治二年任蓮花廳同知。　　張敬書，德興舉人，咸豐七年（1857）任蓮
花廳訓導。

清同治四年刻本　存
《中國地方志聯合目錄》。

張樹煊序奉大憲檄，計取蓮花廳志數部。爰訪求舊書，不可再得。
蓋自兵燹以來，離落村墟半蕩為荒煙蔓草，遑問金匱石室之藏乎哉。歷月
餘，有一老吏前而請曰：聞搜求廳志，民間鮮有存者，顧其鐫板尚寄存文
昌閣內，第閱數十年，鼠齧蟲蝕，恐非全璧。余曰：噫，有此故物，而李
公心血可以不朽矣。亟令移之署內，召匠清釐，其中殘缺者居半。遂與廣

文張君敬書及廳紳諸君子集費鳩工，補其闕失，以復舊觀。並廣為搜羅，將以後事蹟纂入全書。更屬余為序……（同治三年十一月）

【按】此書用乾隆、道光廳志舊板，補其闕失，以復舊觀。又以新事按原類目分別纂入，道光本所增題曰「新增」，此本增道光本以後事則標以「增修」或「同治四年增修」。張氏序於同治三年，書中記事下訖同治四年，是其書刻竣當為四年。其綱目卷次則與乾隆、道光二修本無異。

〔光緒〕愛蓮編十卷

賀恢纂賀恢，字富業，號宏台，邑人，安仁縣學訓導。

清光緒十三年（1887）稿本　存

【按】是書不以志名，而有志書之體，分門為十，又各繫子目，類例承前志而有所變通。前此光緒初，有邑人劉作義、賀少英受聘續修邑乘，而卒未成書。恢以未與劉、賀同事纂輯為憾，乃撰此編。書成於光緒十三年，未嘗梓行，其稿本今存。

（以上今萍鄉市）

▶ 新余

同治邑志祥安序：「（新喻）其志作於宋元以前者無可考。明洪武志創於高令執中，成於邑紳梁君寅。景泰志失其姓氏。弘治志修於卷令璨，成於邑紳彭君治。惜皆散軼無存。至國朝，康熙則有符、張兩志，乾隆又有暨志，道光有陸、黃二志。」此邑志歷修之大概。今錄得十一種，存世者唯清代所修五種。

三國吳寶鼎二年，析宜春地置新喻縣，屬安成郡。隋開皇九年省；十八年復置，屬袁州。宋淳化三年，改屬臨江軍。元元貞二年升州，屬臨江路。明復為縣，屬臨江府。清仍明。

〔洪武〕新喻縣志

高執中修　梁寅纂<small>高執中，洪武十四年知新喻縣。　梁寅，字孟敬，人稱石門先生，邑人，著有《石門先生集》等。</small>

明洪武十五年（1382）刻本　佚

《永樂大典》卷七五〇七，十八陽，倉<small>常平倉</small>，引《新喻縣志》一條。

《明一統志》卷五十五，臨江府，形勝<small>北有蒙山</small>，引《新喻志》一條。

光緒《江西通志》藝文略：《新喻縣志》<small>洪武十五年知縣高執中修</small>。

《江西古志考》卷三。

【按】石光霽《石門先生行狀》及《明史》本傳，俱不及梁寅纂輯縣志事。弘治《新喻縣志》張元禎序曰：「其在國朝，修於洪武壬戌，而弘治癸亥則重修焉。洪武之修，邑令高執中舉之，邑人梁寅孟敬成之……方孟敬修前志時，距其辭禮局之歸十年。又六年，而書成於石門書舍。歷歲漸久，版刻湮沒，是宜有重修之舉。」又彭治跋曰：「前志不知其所始。洪武間，先正石門梁孟敬修之，歲久淹沒。」據《石門先生行狀》，「洪武元年，上登大寶，凡考禮之士皆授顯官，以老辭還者七人，賜白金為路費，先生其一也」。又《石門集》中有《上宰相參政書》，自言

年已六十有五，請准辭禮局云。由是推之，石門先生於洪武元年辭禮局南歸；約於洪武十年纂輯邑志，其時邑令為李公讓（洪武七年至任）；書成於洪武十五年知縣高執中任內。又康熙壬寅邑志張景蒼序曰：「渝為臨江望縣，豈獨無志？顧其志作於宋元以前者無傳矣。有明洪武壬戌修於梁征君孟敬者，亦僅見之南昌張東白先生之序，而其書已亡。」張元禎序中又引梁寅序：「新喻山川形勝，朱子嘗稱其『五星奠位，宜有賢者出』，故在當時若劉、謝諸公，俱以道德文章為斯邑重。」

〔景泰〕新喻縣志

佚名修纂

明景泰中刻本　佚

光緒《江西通志》藝文略：《新喻縣志》 張景蒼縣志序：修於景泰中，失其姓氏。

【按】張景蒼序其志曰：「渝為臨江望縣，豈獨無志？顧其志作於宋元以前者無傳矣。有明洪武壬戌修於梁征君孟敬才，亦僅見之南昌張東白先生之序，而其書已亡。嗣後一修於景泰中年者，失其姓氏，簡要詳明，最為得體。一修於弘治六年者，為白鹿山長彭君德夫所裁定，猶不失為信史。惜皆殘缺不完，翻閱之余，令人必然若失。」此志康熙末張景蒼修邑乘時尚見有殘本，其後則未之聞。其書撰年，自張序以下各舊志俱云景泰中，有著錄為景泰四年者，未詳何據。

〔弘治〕新喻縣志[1]

盧翊修　彭治纂盧翊，常熟人，進士，弘治五年知新喻縣。　彭治，字德夫，邑人，白鹿洞書院山長。

明弘治六年（1493）修本　佚

【按】弘治十六年《新喻縣志》彭治跋曰：「前宰盧侯固嘗委治，有癸丑之修，繼而盧侯以憂制去任，志上會府，未存於縣，逮今又十年。」康熙壬寅縣志張景蒼序亦曰：「一修於弘治六年者，白鹿山長彭君德夫所裁定，猶不失為信史。惜乎皆殘缺不完。」今據此以著錄。此志未刊行，僅有本上之會府，本縣且不存焉。

〔弘治〕新喻縣志[2]

鄭瓛修　彭治纂鄭瓛，字信卿，江東人，進士，弘治十三年知新喻縣。

明弘治十六年（1503）刻本　佚

光緒《江西通志》藝文略：《新喻縣志》弘治十六年知縣鄭信卿修。

張元禎序新喻縣志，所以志新喻之文獻也。其在國朝，修於洪武壬戌，而弘治癸亥則重修焉。洪武之修，邑令高執中舉之，邑人梁寅孟敬成之。弘治之修，邑令鄭信卿舉之，邑人彭治德夫成之。方孟敬修前志時，距其辭禮局之歸十年，又六年而書成於石門書舍，歷歲漸久，版刻湮沒，是宜有重修之舉。而德夫茲修，則歸自白鹿書院以成。蓋自洪武壬戌迄今弘治癸亥百有二十二年，而一邑之闕典復完，豈非文獻之顯晦亦有時耶。書即鏤梓，信卿致書京師，請序之。予觀孟敬序志之言有曰：新喻山川形

勝，宋朱子嘗稱其五星奠位，宜有賢者出，故在當時若劉、謝諸公俱以道德文章為斯邑重……

　　彭治跋新喻縣志之重修也，蓋邑宰鄭侯勤焉。前志不知其所始。洪武間先正石門梁孟敬修之，歲久湮沒。侯慨夫百年之闕典未修，一日之文獻無徵，乃旁採舊本於民間，精核其實，委治以執筆之責。時治以校書白鹿書院，得資典籍之富以備討論，又質正於二泉邵先生、東白張先生，歸以類萃成編。侯於是校定去取，而鋟諸梓焉。因念茲志，前宰盧侯固嘗委治，有癸丑之修。繼而盧侯以憂制去任，志上會府，未存於縣。逮今又十年，而始克成編鋟梓。豈非完百年之闕典，昭一邑之文獻，固有待於其人哉。刻工將畢，侯命治贊一言……

　　【按】彭治嘗因前邑令盧侯之請，纂弘治六年志，以盧侯丁憂去任，未村梓刻，僅上之會府。已見上錄。閱十年，邑令鄭侯命復加修葺梓行，是為弘治十六年志。此志康熙末已淄漫殆湮。乾隆庚午修志時，求其殘斷亦不可得。今僅存序、跋文，其詳則無以考稽。

〔康熙〕新喻縣志[1]

　　符執桓修符執桓，山西翼城貢士，康熙二年知新喻縣。

　　清康熙初年稿本　未見

　　【按】康熙十二年《新喻縣志》符序：「予初筮新喻，按圖經，喻為江右劇縣，地多名山秀水，且糧額亦浮於首邑，以予所聞，其前賢偉跡雜見於他書者又不勝指。下車即進諸縫掖而問邑志，皆對曰：無有，即舊志亦無復有存者矣。予憮然久之。會守憲施檄修郡邑志，乃延諸文學掌故，屬定草數冊，然亦因仍隆慶

六年所修郡志稍益篇簡而已。」又蔡幼跋曰：「邑宰符侯蒞任之初，即集紳衿輩議纂縣志，已繕成書，尚未剞劂。」是符令在修癸丑志之前約十年，已葺有邑志，定草數冊，未付剞劂，宜與癸丑志分別錄之。

〔康熙〕新喻縣志[2] 十四卷

符執桓修

清康熙十二年（1673）刻本　存

光緒《江西通志》藝文略：《新喻縣志》十四卷康熙八年知縣符執桓修。

《中國地方志聯合目錄》。

符執桓序會守憲施檄修郡邑志，乃延諸文學掌故，屬定草數冊，然亦因仍隆慶六年所修郡志，稍益篇簡而已，隨刊檄遍征諸高行遺文及明季軼事，而應者亦鮮……復奉憲行繕志匯呈，爰以所采輯者詳加較閱，興鑿必考其原，經制必詳其數，人物必核其真，詩文必存其足備觀感激發者……計十有四卷，為喻縣新志焉，刻成……（康熙癸丑仲夏）

蔡幼跋邑宰符侯蒞任之初，即集紳衿輩議纂縣志，已繕成書，尚未剞劂。及奉命修志，政治之餘，退食不遑，焚膏繼晷，惟求當於勸懲之義。復集孝廉明經輩及諸縫掖之士。訪求舊志，僅得弘治時彭治所修刻本及諸鈔本，而弘治以後無考焉……葺為副本，上之邑侯。侯復刊佈檄文，廣搜博采，詳加芟潤，矞矞皇皇，用成全書。刻既竣……

【按】符氏蒞任之初，嘗纂輯邑志，定草數冊，未付剞劂，已見前錄。復奉檄纂修，乃重加修葺，梓刻成書。凡十四卷，卷一輿圖，卷二沿革，卷三疆域，卷四建置，卷五官師，卷六農

政，卷七賦役，卷八秩祀，卷九防圉，卷十選舉，卷十一名宦傳，卷十二人物傳，卷十三雜志，卷十四藝文。乾隆《新喻縣志》暨用其序評此志：「當其時，書闕有間，而疆域、建置、田賦、水利諸大政則皆手經釐定，歲月既久，閱歷最親，故其為書獨見質實。」又曰：「符志確有根據，而民初蘇，舊家未復，藏書未出，文獻略有未備。」

〔康熙〕新喻縣志[3]

張景蒼修張景蒼，字皆園，遼東籍山東監生，康熙五十五年知新喻縣，調浮梁知縣，升臨江知府、錦州知府。

清康熙六十一年（1722）刻本　未見

光緒《江西通志》藝文略：《新喻縣志》康熙六十一年知縣張景蒼修。

張景蒼序余甫下車，檢閱舊志，慨然即有事於斯役，而先務之急，不遑暇也。己亥夏月，今大司馬白公巡撫江西，題請纂修《江西通志》，檄下郡邑，徵取志書，而余心益不禁躍然矣，爰以續修縣志請於中丞。中丞欣然樂從，且促余速蕆其事。余乃始獲以簿書餘暇，搜討前聞，考求故跡，而四境士民亦稍稍以故事呈報到縣……成此千秋不朽盛事，夫豈余之有利於斯邑而為之耶，亦聊盡我職之所當為已耳……

【按】乾隆《新喻縣志》暨用其序曰：「張志之修，則取符志而增刪之，轉多遺誤。其修誠不可以已，顧維主局者向皆聘外省一二名士為之，究於本邑情文如隔壁語，無當也。」

〔乾隆〕新喻縣志三十卷首一卷

暨用其修暨用其，字雨村，福建崇安人，雍正四年舉人，乾隆十四年知新喻縣事。

清乾隆十五年（1750）刻本　存

光緒《江西通志》藝文略：《新喻縣志》三十卷乾隆十四年知縣暨用其修。

《中國地方志聯合目錄》。

暨用其序乾隆十四年夏，兩江制憲檄下州縣修輯志書……爰大集闔邑紳士而諮謀之，相與定其規模，而上下其議論，僉謂符志確有根據，而民初甦，舊家未復，藏書未出，文獻略有未備，張志又從而刪乙之，都失本來……當以符志為張本，折衷正史，而以名宗譜帖、前賢遺集、碑版遺文互相參訂，或備采風萬一。用其曰：然。乃開局撰修，搜羅考索，兩閱月書成……（乾隆十五年五月之望）

【按】本志卷目：卷一星野，卷二祥，卷三輿圖，卷四沿革，卷五疆域，卷六官制，卷七建置，卷八兵防，卷九田賦，卷十水利，卷十一土產，卷十二祀典，卷十三外祀，卷十四風俗，卷十五古跡，卷十六選舉，卷十七名宦，卷十八人物，卷十九方外，卷二十至二十九藝文，卷三十拾遺。其綱目於前志頗多改易，如前志官制，爵秩不相聯屬，徒成枝指，今以官制為綱，爵秩為目，次第書之；又建置，前志款項多而綱目不清，跡多遺混，今以城池、社稷、學校為先，官署繼之，而倉庫、郵驛、坊巷等次之，俱先提綱而分敘，其興建原委、置立年月、方向可考者悉登；又人物，符志分理學、忠節、名賢、仕宦、文學、義勇、篤行、隱逸、僑寓、列女、方外諸條，今以人物統之，但依

時代先後序次，其僑寓、流寓、列女則分列附見；又方外，符志以仙釋、寺觀列入古跡，張志則兩條均另立，今立方外一門為綱，以仙釋、寺觀為目，置於人物傳後。觀其所改易諸條，皆屬有當。道光乙酉縣志陸序云：「曁志從（符、張二志）而潤色，可云詳備，唯藝文一類太為蔓引，轉不免絓漏之譏。」

〔道光〕新喻縣志十四卷首一卷附詩存一卷文存一卷

陸堯春修陸堯春，字禾伯，號二雅，浙江仁和人，嘉慶二十二年庶起士，道光四年知新喻縣。

清道光五年（1825）刻本　存

光緒《江西通志》藝文略：《新喻縣志》十四卷外附《詩存》一卷《文存》一卷道光五年知縣陸堯春修。

《中國地方志聯合目錄》。

陸堯春序道光甲申，堯春恭奉簡命，知江西新喻縣事。值大憲將重修通志，檄行各屬續成郡縣志，以資採錄。而喻志自乾隆庚午後缺而未續七十餘年，開局纂編，久之未就。用諮謀于邑人士，發凡起例，延有學之儒共相考證，或增或改，必慎必公，閱數月稿成……刻既成，遂書以為序。（道光五年乙酉冬月）

【按】此志分門為十，曰沿革，曰輿地，曰建置，曰食貨，曰秩官，曰名宦，曰選舉，曰人物，曰藝文，曰雜志。其凡例曰：「自來地志首言星野，非特茫無可據，抑且江鄉郡邑處處皆同。符志但列數行於疆域之中，深為有見。曁志則言之頗詳。今並省之。」此志於「沿革」之末附說，申明省去舊志「星野」一門之由。凡例又曰：「符志人物分理學、忠節、名賢等傳，品藻

前修殊非容易，兼之難以檢尋。暨志但依時代，今從之。」此志以「寓賢」附於「名宦」，「列女」入於「人物」，與暨志亦不盡同。又此志藝文一卷，但載邑人著述書目，山川、古跡及人物等所有詩文則附見各條之下，其無可附麗者，於書末附詩、文各一卷，令與志書偕行，不至聽其放失焉。

〔道光〕增修新喻縣志八卷

黃之晉修黃之晉，江蘇丹陽人，道光二十四年進士，二十六年知新喻縣。

清道光二十九年（1849）刻本　存

光緒《江西通志》藝文略：《增修新喻縣志》道光二十九年知縣黃之晉修。

《中國地方志聯合目錄》：《新喻縣志》八卷清黃之晉纂修，清道光二十九年刻本。

黃之晉序就今所見諸志，張漏，暨繁，陸差執中，比而衡之，互有得失。即如渝水名縣始孫吳年，宋曰新俞，齊又訛曰新諭，常熟顧氏《讀史方輿紀要》中考之頗詳，而志但稱天寶以後相承作「喻」而已。則踵事之增，曷可少哉。既以商諸君子，諸君子亦樂為搜討，以觀厥成。慮工費之不充，而幸陸板之猶完好也，第從而續焉。晉既得遍觀茲邑之藝文，病陸志之附詩存而未備，乃別為《渝水詩觀》三十二卷。於志所登人物，寓賢外時有采增，而其人之字型大小里居出處，亦資以參考異同焉。將以次及文，而已匆匆有嘉禾之調……姑述茲事顛末，以報使來索序之緘……（道光二十九年十一月五日）

【按】此志始事於道光二十八年，知縣黃之晉修。葳事於二

十九年年末，其時黃氏已調離，視篆者為署知縣王惠寶。其書各卷卷端及版心均題作「增修新喻縣志」，光緒《江西通志》所錄蓋准此；書首牌記「道光二十九年增修，新喻縣志，本衙藏板」，《聯合目錄》或以此為據。考此書門目，悉本之陸志，「慮工費之不充，而幸陸（志）板猶完好」，故於陸志所有者不予登錄，僅訂其訛舛、補其遺漏且增以新事，即黃序所謂「第從而續焉」。是故以光緒通志所錄為確。各門增訂詳略不一，如沿革、輿地諸門，僅為考訂數語，或增記數事；秩官門增陸志以後職官銜名，又增補乾隆以下各職署、代銜名，附於各職之下。唯雜志一門，陸志原分紀年、古跡、方外、寺觀、隴墓、拾遺諸目，此志則以序、言、論、說等文體為目，增補前志遺文各若干篇，其不補於藝文者，以陸志藝文僅列書目，誠不得已耳。

〔同治〕新喻縣志十六卷首一卷

祥安　文聚奎修　吳增逵纂 祥安，字麟如，滿洲鑲黃旗人，廩貢，同治八年知新喻縣事。　文聚逵，字鼐五，湖南衡陽人，同治十一年知新喻縣。　吳增逵，號棣齋，江西南昌人，咸豐六年進士，官至戶部主事。

清同治十二年（1873）刻本　存

《中國地方志聯合目錄》。

祥安序 安于同治二年部選鉛山，八年調補斯邑，當兵燹之餘，瘡痍滿目，深懼未遑。九年，奉大中丞檄，以重修省志征邑乘。爰集紳士於季秋開局，四鄉採訪粗具規模。季冬，鄒君超群、陳君文鬥、劉君韻三孝廉公車北上，胡君鶚薦起服赴荊南，皆奮志功名，未便阻止。復延南昌吳棣

齋太史，取陸、黃二志為張本，相與討論而刪改焉，因於昔者修飾之，得於今者增益之，分地理、建置、食貨、學校、武備、職官、選舉、人物、藝文、雜類為十門⋯⋯八閱月而稿成⋯⋯

　　文聚奎序壬申之秋，聚奎奉檄出宰新喻⋯⋯董事者曰：喻志成稿，前令祥君業呈上憲鑒定，因病去任，尚未剞劂就編，子盍完其事。既下車，政務殷繁，日不暇給，兼以經費弗支，未遑議及鋟梓。越歲，邑事粗理，集舊之總協各紳重加校正，斂貲付手民。將藏事，諸紳來請序⋯⋯（同治十二年孟冬月）

　　【按】同治九年，知縣祥安奉檄修輯邑乘，開局於是年九月，次年夏稿成，呈報上司鑒定。嗣因病去任，未付剞劂。文氏繼令斯邑，於同治十二年就原稿重加校正，刻為完書。此志體例參酌道光陸、黃二志而有所改易；另立武備一門；原名宦一門則附入職官為目；又人物門復以品類分目；藝文中不僅錄書目，且以原外附之《文存》《詩存》納入。是皆異於前志者。

▶ 分宜

　　民國《分宜縣志》凡例述邑志原委曰：分宜自宋雍熙二年建邑以後，創修縣志者有宋嘉定間謝令、淳祐間黃尉，當時並無志序流傳；繼之者元代趙侯思順，名曰《鈐岡新志》，歐陽圭齋先生為之序；明萬曆間周令應治修之；清康熙癸亥蔡令文鷺修之；乾隆丙申林令邦玪、乾隆丁酉黃令維綱修之；至道光壬午，龔令笙修之；道光己酉，高令夢麟修之；同治辛未，夏令琮鼎修第九次；自同治辛未迄民國庚辰，又七十年矣，是為第十修。又清咸豐十年，袁州知府陳喬樅撮拾舊乘，輯為邑志十八卷，同治、

民國縣志視為「重刑」而不錄，今補之。以上凡十一種，今存者康熙以下七種。

宋雍熙元年，析宜春地置分宜縣，屬袁州。元屬袁州路。明、清屬袁州府。

〔嘉定〕鈐岡志三卷

謝好古修謝好古，福建建安人，嘉定間任分宜知縣。

宋嘉定七年（1214）修本　佚

《郡齋讀書志》卷五：《鈐岡志》三卷嘉定甲戌邑令謝好古修。

《中國古方志考》。

《江西古志考》卷三：《鈐岡志》三卷宋，謝好古修。按：元歐陽玄序《鈐岡新志》曰：「分宜有縣，起宋雍熙，至南渡嘉定間，謝令謀作縣志，尋復不果。淳祐黃尉始克成之。」分宜縣南袁江畔有鈐岡，因以名志。

【按】此志《郡齋讀書志》卷五（即趙希弁撰《附志》）錄之，是其必有成書矣。歐陽玄謂此志「尋不果，淳祐黃尉始克成之」。淳祐去嘉定甲戌約三十年，黃尉所成者當另繫一志。又趙氏《讀書附志》成於淳祐九年，若黃尉所成者早於此，趙氏何以獨名謝好古，而於黃尉不置一詞。又同治《分宜縣志》卷六名宦《趙思順傳》曰：「先是，宋淳熙初，邑令謝諤謀修縣志不果，至淳祐時縣尉王本（王一作黃）始克成之。」此乃引歐陽玄序，而易嘉定為淳熙，又以謝令為淳熙邑令謝諤，顯係張冠誤戴於李也。

〔淳祐〕（分宜）縣志

佚名修纂

宋淳祐間修本　佚

【按】此志當與謝好古《鈐岡志》分錄，已詳辨於前，茲不贅。歐陽玄序謂纂人黃尉，同治縣志謂「縣尉王本（王一作黃）」。懿考康熙以下各修邑志秩官，宋縣尉有王奎，盧陵人，淳祐間任，此外別無黃姓或王姓者，同治縣志卷六職官所載亦如是，而《趙思順傳》作「淳祐時縣尉王本（王一作黃）」。作「王本」既不知其何據，又不知其何以前後抵牾。今不能遽斷，謹識此以俟考。

〔至正〕鈐岡新志

趙思順修趙思順，字尚之，河南浚儀人，至正元年任分宜縣尹。

元至正二年（1342）修本　佚

光緒《江西通志》藝文略：《鈐岡新志》歐陽元序：分宜有縣起宋雍熙，至南渡嘉定間，謝令謀作縣志，尋復不果，淳祐黃尉始克成之，混一以來更六十有七載，浚儀趙侯尚之為尹，乃作《鈐岡新志》，以續前編。

《江西古志考》卷三。

歐陽玄序郡縣之圖志，何為而作也？國有賢守令，猶家有賢子孫。守令保圖志以治分地，子孫保關券以治分業，能治其所有，即為賢矣。因田野之有定界也，而考其有汙萊者乎？因戶口之有定數，而考其有流亡者乎？因賦役之有定制也，考其在公者有湮沒乎，在私者有暴橫乎？因士之習有舊俗也，考其有可匡直而振德者乎，有可濯磨而作新者乎？治之而無

倦，則田野可闢，戶口可增，賦役可均，風化可以日美，人才可以日盛矣。然則圖志可一日而闕乎？分宜有縣，起宋雍熙。至南渡，嘉定間，謝令謀作縣志，尋復不果。淳祐黃尉始克成之。渾一以來更六十有七載，浚儀趙侯尚之為尹，百廢俱舉，乃作《鈐岡新志》以續前編。書成，適予敘族至邑南之防裡，侯以予於是邦實多桑梓之誼，以序見屬。辭不獲，則願以昔人治官之責告夫求舄於吾邑者，庶知前人作圖志之意，非徒以廣紀載備考訂而已，將以為勤政之一大助也。推本作者之意，毗勉述者之事，吾邑吾民其多幸矣乎。

【按】據《元史》本傳及危素《圭齋先生歐陽公行狀》，歐陽玄字原功，其先家廬陵，一支遷分宜，至曾大父始遷瀏陽，延祐二年進士，官國史院編修、國子監祭酒、遼金宋三史總裁、翰林學士承旨，進階光祿大夫，卒於至正十七年十二月，年八十五，贈衛國公，諡文。圭齋先生於至正元年九月南歸，二年壬午十一月至分宜縣南防里祭祖，撰有《分宜縣官題名記》及《至正壬午十一月十三日祭初祖墓畢仰更秘書有佳句見勞匆匆奉酬嚴押》詩二首、《至正壬午十一月十三日祭始遷祖墓於防里是日春洲先生有古律四首紀其事用韻奉答四首》，並見《圭齋集》。《題名記》曰：「起至元十三年丙子，迄今至正二年壬午，六十又七載，仕於斯者接踵，而邑未有題名。浚儀趙君思順以世家文獻來宰斯邑二年，官政修舉，乃考索故府，得累政名氏、到罷歲月，悉登載諸石。玄適訪族邑鈐南防裡，屬題其端以告來者。」志序之「渾一以來六十有七載」，即《題名記》之「起至元十三年丙子迄今至正二年壬午六十又七載」，故知此序作於至正二年，其志亦成於是年。又道光、同治邑志錄此序，其末均署為「大元翰

林學士承旨光祿大夫知制誥兼修國史歐陽玄」，《圭齋集》所錄序文無此自署銜名，且進階光祿大夫乃至正六年以後事，此署顯係後人妄增。

〔萬曆〕分宜縣志六卷

周應治修周應治，浙江鄞縣人，進士，萬曆八年知分宜縣。

明萬曆十四年（1586）刻本　佚

光緒《江西通志》藝文略：《分宜縣志》六卷萬曆十四年知縣周應治修。

周應治序分宜舊無縣，而何有縣志。自宋分宜春，據上游而當水陸孔道，因制為縣，是為分宜，則縣始有志。在宋紀宋，在元紀元，迨我國初，第又不過紀往跡耳，而歷世久遠，業已皆化為烏有，雖地不改辟，所稱文獻者無征矣。余不佞，以庚辰之役受命來茲，而適當一時殘闕之餘。方日夜自惟，蓋謂風俗淳漓非志不傳，人物代謝非志不永，乃前者既邈，後者莫續，有司之過也，何敢讓焉。於是竊不自料其狂瞽，網羅里巷，訪失舊聞，勒為六卷，綱六，目凡四十有五，亦欲以究相沿之故，通古今之變。顧睹記多遺，僅存什一，草創罕次，未葉篇章，六載於茲，而功乃竟……（萬曆丙戌季秋九月）

〔康熙〕分宜縣志十卷

蔡文鸞修　林育蘭等纂蔡文鸞，字桐友，廣東南海人，康熙二年舉人，二十年知分宜縣。　林育蘭，字卉靈，邑人，康熙二十二年府學貢士，任宜黃縣學訓導。

清康熙二十二年（1684）刻本　存

光緒《江西通志》藝文略：《分宜縣志》十卷康熙二十二年知縣蔡文鸑修。

《中國地方志聯合目錄》。

蔡文鸑序辛酉秋，余奉命來宰分邑。甫下車，見城郭蒼涼，田多青草，扼腕久之。及詢邑志，僉曰：明之萬曆丙戌周公修之，迄今九十餘年，經鼎革兵燹後，舊板散失沒傳云。余以仕初鞅掌，未暇纂輯。越次年壬戌，適滇、黔底定，朝廷大一統之盛，命儒臣纂修會典，廣征天下郡縣志……爰搜舊志，采舊聞，延邑之貢士文學就館，互相考訂，訛者正而遺者補，繁者刪而新者續，邑以內山川地勢之勝，賦稅戶口之繁，風俗人才之盛，學校壇場之舊，人焉忠孝節義之著，士焉文學德行之高，與夫名宦政績、題詠詩文，靡不分門類聚，登載無遺，由是可為一邑之信史矣。遂捐俸選材，付之梓人，書成，釐為十卷……（康熙癸亥臘月）

【按】是志列目凡五十有二，除列傳、藝文外，不設綱以統目，其卷目為：卷一沿革、城池、山川、形勢、疆域，卷二風俗、土產、戶口、田賦、土貢、徭役、兵衛，卷三縣署、儒學、書籍、學田、社學、鋪舍、倉儲、壇土遺、祠廟、寺觀，卷四橋樑、坊巷、場院、陂塘、古跡、丘墓、災祥、樓閣，卷五縣職、學職、屬職，卷六辟舉、科第、貢監、封蔭、隱逸、流寓、節烈、吏仕、仙釋，卷七（列傳）秩官、人物，卷八至卷十（藝文）賦、詩、記、遺事、文、序、疏、又記。觀其次第，頗見紊亂失次，與後志多異。乾隆邑志林序曰：「康熙二十二年草創一修，略具大觀，未極詳備。」

〔乾隆〕分宜縣志二十卷首一卷

林邦珖　黃維綱修　歐陽星等纂林邦珖，廣東吳川舉人，乾隆三十五年知分宜縣。　黃維綱，廣東潮州人，舉人，乾隆四十二年知分宜縣事。　歐陽星，字體讓，號石溪，邑人，乾隆四年進士，山東臨淄知縣改授臨江府教授。

清乾隆四十二年（1777）刻本　存

光緒《江西通志》藝文略：《分宜縣志》二十卷乾隆四十一年知縣林邦珖修。

《中國地方志聯合目錄》。

林邦珖序珖自嶺徼承乏是邦，六載之間簿書碌碌……茲邑人士復以志乘為百年缺典，議請修輯。余竊喜眾志之交孚而貲用之不患於無所出，亟為據呈轉詳。報可。諏吉開局，與邑之老成名宿秉公商榷，總司分理，收集眾長，博采旁搜，訂訛糾謬。如天文、城池、田賦、陂塘、學校、選舉之屬，雖略為變通，而義歸簡約。惟於山則因支以尋幹，於水則沿流以溯源，縷析條分，竊仿《禹貢》導山導水之遺意。至若都鄙之設，與賦役相表里，或一姓而兼數甲，或一甲而兼數姓，務使畛域分明，而後先期不至於混淆。此數者視舊志特詳，而體裁亦別。分門十六，列卷二十，所謂因事而紀實者，庶無乖於徵文考獻之初志矣。自秋徂冬，四閱月而工竣。方欲謀諸剞劂，而余遽以疢疾告退，一簣功虧。尚冀後之君子益加潤色，匡予不逮……（乾隆四十一年臘月）

黃維綱序粵考舊乘，明以前掌故闕如，比得嘉靖志，遞相祖述，厥後踵事增新，爰有成書，由康熙癸亥迄今閱歲九十有奇。前宰吳川林君久任餘暇，銳意修輯，此邦碩彥協力以效匡襄。稿甫脫，林君遽以疾去。綱奉檄承乏……披閱再四，見其綱目鑿然，次第井然……（乾隆四十二年孟

秋月）

【按】此志林侯創修於乾隆四十一年，甫脫稿，以疾去。黃
君繼任，遂畢成其役，蕆事於四十二年。林、黃二序記其原委甚
詳。是志於山、水、都鄙較舊志特詳，林序及凡例中俱有說明。

〔道光〕分宜縣志¹ 三十二卷首一卷

龔笙修　智家駒等纂_{龔笙，字鶴泉，湖北雲夢舉人，道光二年署}
_{分宜知縣。　　智家駒，邑人，嘉慶十年進士，任河南新蔡知縣。}

清道光二年（1822）刻本　存

光緒《江西通志》藝文略：《分宜縣志》三十二卷_{道光二年知}
_{縣龔笙修。}

《中國地方志聯合目錄》。

龔笙序_{歲之季春，予承乏斯邑，適奉檄修省府縣志，因與學博王悒}
_{府、梅閬齋兩先生及邑中諸文士網羅放軼舊聞，互相考訂，訛者正而遺者}
_{補，繁者刪而新者增，操觚者雖盛暑不輟，三閱月而告成……（道光二年}
_{重九日）}

【按】據本書凡例，「是志開局於（道光二年）六月二十二
日，告成於九月二十二日」；「志書具體史裁，編次與古類書相
近，始星野，終雜記，區為三十二門」。其卷目為：卷首序、原
序、凡例、目錄、姓氏、繪圖，卷一星野，卷二沿革，卷三形
勢，卷四城池，卷五山川，卷六水利，卷七學校，卷八公署，卷
九書院，卷十田賦，卷十一風俗，卷十二土產，卷十三兵衛，卷
十四武事，卷十五關津，卷十六驛鹽，卷十七古跡，卷十八封
爵，卷十九秩官，卷二十選舉，卷二一名宦，卷二二人物，卷二

三寓賢，卷二四列女，卷二五仙釋，卷二六方伎，卷二七祥異，卷二八祠廟，卷二九塋墓，卷三十寺觀，卷三一藝文，卷三二雜記。又卷首縣志姓氏中，列龔笙為總纂，教諭王欽、訓導梅照璧為協纂，邑進士習家駒等九人為分修。實任撰述之責者當即習家駒等，故宜錄為纂人。

〔道光〕分宜縣志[2] 三十二卷首一卷

李銛　高夢麟修李銛，號和軒，貴州石阡府舉人，道光二十八年署分宜知縣。　　高夢麟，山東濰縣人，舉人，道光二十八年知分宜縣。

清道光二十九年（1849）刻本　存

《中國地方志聯合目錄》。

高夢麟序戊申仲秋，撫憲擬修省志，檄飭各縣先為編輯，並頒章程格式。前署令李君和軒遵奉設局，乃延邑中耆儒名彥慎襄厥事。稿甫脫，李君旋移篆彭澤。是年冬，余捧檄斯邦。蒞任後，局中首事繕本匯函，請加校訂付梓……翻閱再四，綱舉目張，首之以輿圖，次之以星躔、疆域，次之以學校、田賦，次之以兵衛、關津，次之以名宦、人物，又次之以節烈、藝文、雜記，區為三十二卷，闕者補之，訛者正之，續增者釐定之，元元本本，炳炳麟麟，信乎邑志之善本……余碌碌備員，幸竣厥事，附名簡末，榮被餘光……（道光二十九年仲夏月）

【按】是志署知縣李銛奉檄修纂，經始於道光二十八年秋，稿甫脫，李侯移任彭澤。是年冬，知縣高夢麟接篆視事，乃竣其事於二十九年五月。《聯合目錄》等僅錄高氏為修纂人，其實此志乃李君手成，其名宜有以錄之。

〔咸豐〕分宜縣志十七卷首一卷

陳喬樅修陳喬樅，字樸園，一字樹茲，號禮堂，福建侯官人，道光五年舉人，道光二十四年署知分宜縣，咸豐九年知袁州府，終官撫州知府，著有《今文尚書經說考》《三家詩遺說考》等。

清咸豐十年（1860）刻本　存

【按】陳喬樅序咸豐十年《袁州府志》曰：「咸豐九年冬，喬樅奉憲檄權篆茲郡。下車之始，循故事索取郡志，板毀於寇，不可復得。繼徵諸邑志，皆以被寇之後板籍亡失，深用盡然於心。數月以來，於接見郡人士，每從搜訪遺編，遂輾轉得府、縣各舊志。公餘之暇，手披目覽，思與鄉人謀重加采撫，增修新志，只以屬多事困敝之日，力固未之逮也。顧念郡邑志書，實有關於政治，新志縱未能續修，而並其舊志亦聽其就湮，毋乃守土者過歟……喬樅爰取舊志，撮其疆域、都里、城池、山川、水利、關隘、形勢、田賦、戶口、學校、公署、兵衛、武事、津梁、驛遞諸切治要者先付剞劂，按之舊本，以傳信之徵，俟諸將來以為續修之地。」據此序，知陳氏乃撮拾郡邑舊志之切於治要者，輯為《袁州府志》及諸屬邑志。以其書不為重修，亦非續纂，故鮮有見於著錄者。《清史稿》及《中國地方志聯合目錄》有陳修《袁州府志》，而同治《袁州府志》僅錄為「重刊」。而宜春、萍鄉及此分宜等屬邑志則均不見著錄。分宜縣史志辦稱有此《分宜縣志》存本，其卷目為：卷首輿圖，卷一星野，卷二沿革，卷三城池，卷四山川，卷五水利，卷六田賦，卷七關津，卷八公署，卷九學校，卷十兵衛，卷十一驛鹽，卷十二書院，卷十三武事，卷十四祠廟，卷十五塋墓，卷十六寺觀，卷十七祥異。

〔同治〕分宜縣志十卷首一卷

李寅清　夏琮鼎修　嚴升偉等纂李寅清，號直齋，江蘇江都舉人，同治九年知分宜縣。　　夏琮鼎，湖北廣濟拔貢，同治九年署分宜知縣。　　嚴升偉，字荔村，邑人，道光五年舉人，十五年大挑一等，歷知通道、武陵、芷江等縣，著有《資治庸言》《懶散遺集》。

清同治十年（1871）刻本　存

《中國地方志聯合目錄》。

夏琮鼎序同治庚午春，撫憲劉檄飭各縣重修志乘。前宰李君直齋諏吉開局，延邑中名儒碩彥秉公商榷，共襄其事。未幾，李君因公調省。余捧檄來茲，局中諸君子繕本請校，因接而誦之，見其分門別類悉遵撫憲頒定新章，統之以十卷，內分五十四條，朗若列眉，瞭若指掌……（同治十年仲春月）

【按】本志凡例曰：「舊志始星野，終雜記，區為三十二門。今遵省局通飭志例，分十門，為目五十有四，各以類從，有條不紊。」又曰：「舊志未便刪改，近事應載者分門增入。是書開局於庚午（同治九年）孟夏，告成於辛未季春。」所分十門為地理、建置、食貨、學校、武備、職官、選舉、人物、藝文、雜類。

〔民國〕分宜縣志十六卷

蕭家修　謝壽如修　歐陽紹祁　黃秉鉞纂蕭家修，萍鄉人，留日學生，民國二十三年署任分宜縣長。　　謝壽如，興國人，民國二十八年署分宜縣長。　　歐陽紹祁，邑人，光緒三十年進士，任工部屯田司主事、萍鄉縣知事兼檢察長。　　黃秉鉞，邑人，歷任信豐、永新等縣縣長。

民國二十九（1940）石印本　存

《中國地方志聯合目錄》。

蕭家修序鄙人承乏分纂，奉省府有提倡志書之議，令飭各縣徵集文獻委員會為纂修邑乘張本……一時碩彥通儒、英儁耆宿群起而匡襄厥事……屈指始事之日已寒暑兩更矣，斟酌前賢之體例，變通因革而成編，稽自序圖，以迄雜組，為卷凡十有六……（民國二十七年孟夏月）

謝壽如序邑人士復告以本縣縣志繇時艱費絀，中輟兩載，稿雖付印強半，刻已無法完成等語……遂決然於軍事倥傯之秋注重文獻，於艱難拮据之日兼籌經費，仍延請總纂修歐陽棟香先生、副纂修黃俞庚先生主持厥事，以竟全功，一切內容尤以嚴謹二字互勉。今十修縣志距九修清同治時近七十年矣，始事於民國二十六年八月蕭前任內，中因費艱輟止，至本年三月繼續工作……卒以抗戰正殷之時，竟此縣志未完之功……（民國二十九年夏月）

【按】本志卷首載歐陽紹祁《修志弁言》，其略曰：民國二十六年丁丑，行政會議決定續修邑志，適奉內政部頒下修志事例，縣長蕭家修遂延餘與黃秉鉞承其乏，又分修、協編、採訪、繕寫、校對各若干人，余初定凡例十六條，徵求各方同意，諮諏耆舊，搜羅掌故，稽考案牘，取舊志之當因者因之，當革者革之，新增教育、實業、黨務、宗教數大端，為綱十有六，為目百十有六，六閱月而脫稿，值抗戰軍興，印刷經費點金乏術，牧民者又坐視輟工一年餘；至二十九年庚辰，縣長謝壽如引為己責，略籌經費，繼續印刷，蟾圓六度，即告成功。又本志凡例曰：「以前九修志書，都在君主時代，雖綱舉目張有條不紊，但典章制度多帶封建色彩。今則憲立民主，政尚共和，自應當因則因，

當革則革。其不合時代者刪之，如漕運、驛站、關榷、雜課、圜丘、漏澤等是也。其為舊志所無者增之，如區域、保甲、自治、教育、社會、堡壘、鐵路、實業、宗教、黨務等是也。其因廟諱而改名、因尊君而抬頭者，則重新校正。」又曰：「他縣志書有因國體改革修至遜清末年告一段落者，入民國則用記事體裁，不分門類，連篇累牘，氾濫無稽。本志不從此例。考之歷史，皆從歷代蟬聯而下，斷無劃代下筆各為風氣之理。故本志仍照原志編輯，舊志所無者或注新增字樣，於劃分新舊之中仍寓一貫祠承之意，其有意義不明者則另加按語以資解釋而已，非筆法也。」此皆與民國《昭萍志略》《鹽乘》等殊異者。其卷目為卷一序圖（原序、新序、凡例、縣境圖、區域圖、名勝圖、古跡圖），卷二地理，卷三戶口，卷四食貨，卷五教育，卷六建置，卷七選舉，卷八人物，卷九藝文，卷十職官，卷十一武備，卷十二黨教，卷十三實業，卷十四風俗，卷十五大事記，卷十六雜組。紀事下訖民國二十九年。又志中大事記一門，專記「兵匪水旱病疫」，以備史家採擇。

（以上今新余市）

▶ 貴溪

　　貴溪為邑自唐，而其志乘之可考者，則始於明景泰。景泰前有「舊志」一種，天順修志時尚存，今已難稽其詳。又錄得自景泰至清同治舊乘十一種，存世者五種，皆為清人所撰。又明季邑人葉瓚玉撰《廣信先賢傳》，鄭節撰《貴溪邑史》十二卷，皆地方文獻之可征者，後志多有引

錄，以非正志，不宜錄於此。

唐永泰元年，割弋陽、餘干二縣地置貴溪，以地在貴溪口，因以為名，屬信州。宋屬信州。元屬信州路。明、清屬廣信府。

（貴溪）舊志

佚名修纂

修纂年不詳　佚

【按】此志未見著錄。天順志王序曰：貴溪舊有志，屢經兵燹，殘闕不全，景泰間教諭張鐸修之，遺稿藏於邑庠，天順修志，乃以新舊二志互相校訂，成志八卷云。今據王序著錄，志名、撰人俱無考。

〔景泰〕貴溪縣志

張鐸纂張鐸，姑熟人，景泰間任貴溪縣學教諭。

明景泰間稿本　佚

【按】此志未見著錄。同治《貴溪縣志》卷六名宦：「（張鐸）明敏有為，倡修學校。明監司檄所屬編志，鐸學宿才練，與修郡志，貴溪志亦次第成稿。兵革初平，藏書未出，采輯聞見，稱為實錄。」此志與天順知縣陳敏所修非一本，參見天順陳志考及王序。萬曆邑志顧序謂此志無人物，與無志同。

〔天順〕貴溪縣志八卷

陳敏修　王增祐等纂陳敏，字古亭，麻城人，天順間以進士知貴溪縣。　王增祐，字永吉，邑人，永樂十三年進士，歷官廣西按察使。

明天順間刻本　佚

王增祐序貴溪舊有志書，屢經兵燹，殘闕不全。近因朝廷命官下本府纂修郡志，時本縣教諭張鐸預其事。編集既成，進之內閣，遺稿藏於邑庠。天順改元，古亭陳公敏來知縣事，公廉正有為，不逾年而百廢畢舉。暇日取縣志觀之，欲重修成書。會今掌教李珂、司訓張昂，不鄙予之老耄，亦進而相與討論。於是以新、舊二志互相讎校，訛者正之，缺者增之，刪繁剔偽，一邑之事物必究其實而書之，務求不失志體，釐為八卷三十五條……書成，陳公欲壽諸梓，以永其傳，屬余文弁其簡端……

【按】景泰教諭張鐸，與修郡志。郡志編集既成，進之內閣；縣志亦次第成編，遺稿藏於邑庠。天順知縣陳敏舉舊稿重修之，邑紳王增祐與教諭李珂、訓導張昂相與討論，訂訛補缺，成志八卷，壽諸梓。景泰志稿與天順陳志始末，王序記之甚悉，二志成書年歲相連屬，然係各自纂輯成編，宜分別錄之。

〔萬曆〕貴溪縣志

錢邦偉修錢邦偉，字伯英，江蘇丹徒人，萬曆間舉人，萬曆三十五年知貴溪縣事，升遼州知州。

明萬曆四十年（1612）刻本　佚

光緒《江西通志》藝文略：《貴溪縣志》萬曆四十年知縣錢邦偉修。

錢邦偉序邑志從前無考。景泰末，學諭張公鐸始修之。天順改元，邑令陳公敏校而存焉。是時草昧方屯，人文甚嗇，嗣修郡志亦於邑事未詳也。萬曆初，前令伍公袁萃修將竣矣，尋以內召行，不果……乃即日升請上臺，開局於象山書院，討論而修飾之。時庠之紳衿暨邑之白叟，群而聚

者百餘人。已下令於邑，諸有聞者各得以聞閭。復刻為訪帖以遍詢。凡再歷寒暑而編成，惟是人品一款成之最後，而未敢易出也……

顧憲成序當景泰時，有張廣文鐸曾創志草而獨缺人物，與無志同。萬曆初，容庵伍公開局纂修，半已就緒，會內召，志不果。幸侯蒞任初，慨然以修輯為己任，乃具請監司，集諸生於象山書院，日稽月訂，博取而約裁之，凡為綱者八，為目者五十有九。至於人品一則，尤極慎重，必戶問而家訪焉……

貴溪縣志

汪慕齋纂

修纂年不詳　佚

【按】此志未見著錄。康熙至同治諸邑志中，均載有明清間邑人徐大儀序一篇，其文曰：「亟欲得舊本續之，而問諸里閭父老，已無有存者。旁搜博采，僅獲昔日汪慕齋手訂一編。」汪慕齋事蹟無考，蓋邑人之有文名者，慕齋似為別號，名字不詳。其手訂一編，當在萬曆錢志之後，順治徐志之前，其詳則無以考稽。

〔順治〕貴溪縣志

汪燼南修　徐大儀纂汪燼南，字拜石，黃岡人，舉人，順治八年知貴溪縣，遷陽和知縣。　徐大儀，字象卿，號太生，邑人，天啟二年進士，歷官兵部、刑部郎中，升寧國府知府、雲南副使兵巡曲靖道。

清順治九年（1652）稿本　佚

徐大儀序目前所宜皇皇求之者則一邑之志也，亟欲得舊本續之，而

問諸里閭父老，已無有存者。旁搜博采，僅獲昔日汪慕齋手訂一編。適楚黃汪拜石父母至，與予有同心，晤語及此，躍然向予曰：是誠翁之責也夫！是誠翁之責也夫！由是矢諸彼蒼，閉戶澄心，焚膏繼晷，矻矻窮年。取舊本增刪之，增乎其所當增而不敢有私於己，刪乎其所當刪而不懼有忤於人。而猶慮其偏，每脫一稿，輒質諸同人江子省庵。書成，復商之張與棋、江嗣芳諸子。將欲付梓，而汪侯以任陽和遷去，竟弗克成厥志……

　　【按】是志未經著錄，今居徐大儀序補錄，徐序存後志中。徐氏受知縣汪爌南囑纂此志。汪氏於順治八年來任，其後任葉承祧，順治十年任；又康熙十一年邑志畢士俊序曰：「僅得徐氏手鈔一帙，自壬辰而後無聞焉。」知徐氏此志修於順治八至十年，以汪令遷陽和去而未及梓，記事下迄順治九年壬辰，其稿康熙畢志纂修時尚存。又徐序記相與討論者有江省庵、張與棋、江嗣芳三人。江天淯，字一元，號省庵，邑人，順治九年進士，授南陽司理。張與棋仕履不詳。江枞芹，字嗣芳，邑人，順治十一年舉人。

〔康熙〕貴溪縣志[1] 八卷

　　畢士俊修　楊璟　江熙龍纂畢士俊，字用章，直隸東光人，順治五年舉人，康熙十年知貴溪縣。　　楊璟，字本張，泰和人，順治十一年貢士，由撫州府訓導補授貴溪縣教諭。　　江熙龍，字明伯，邑人，康熙初拔貢。

　　清康熙十一年（1672）刻本　存

　　光緒《江西通志》藝文略：《貴溪縣志》康熙十一年知縣畢士俊修。

《中國地方志聯合目錄》。

畢士俊序余以辛亥十月朔視篆此邦，凡邑之所廢者冀次第興這，而尤以修復邑志為汲汲。乃旁搜博採，僅得象卿徐氏手鈔一帙，自壬辰而後無聞焉，殘缺失次，疑信兼半……以《一統志》敕天下郡國分行纂造……余其可黽勉以從事矣，先布檄徵收，隨集邑之老成人朝諮夕訪，舉學博楊君爆董其事，照通行規則，首地輿，次食貨，次職官，次學校，次選舉，次人物，以及方外、雜誌，列為八卷……（康熙壬子仲冬）

〔康熙〕貴溪縣志[2]

高駿升修高駿升，字西疇，秀水人，由鄉舉康熙十八年知貴溪縣事。

清康熙二十二年（1683）刻本　未見

光緒《江西通志》藝文略：《貴溪縣志》康熙二十二年知縣高駿升修。

高駿昇序國家修一統志，直省郡邑各修志以上。升始進邑之師儒耆碩而告之，交相踴躍，樂於從事。爰諏良日告於文廟，開局縣之西司。名師碩彥，旁搜博采，和衷共事。不敏於簿領之暇，共佐鉛槧。閱匝月，乃訖厥功……（康熙癸亥孟冬月）

【按】此志見錄於光緒通志，書今未可見，後志中存高序，卷次綱目皆無以知其詳。乾隆十六年邑志華西植序曰：「披尋圖志，得康熙初畢令士俊、高令駿升續修二本，明以前各志無稽焉。畢志承兵燹之後，掇拾灰燼，初非完書。高志修於後十年，一仍舊貫，舛誤者聽，湮沒者聽，則無藉於後起矣。」此志卷帙、類目大約與畢志無大異。

〔乾隆〕貴溪縣志[1] 二十四卷

華西植等修　黃炎纂_{華西植，字燕麓，號容齋，無錫人，乾隆三}年舉人，由建昌知縣乾隆十三年調知貴溪。　黃炎，字繼周，號靜齋，邑人，雍正七年舉人，部檄選縣職，不赴。

清乾隆十六年（1751）刻本　存

光緒《江西通志》藝文略：《貴溪縣志》_{乾隆十五年知縣華西}植修。

《中國地方志聯合目錄》。

華西植序_{乾隆戊辰冬，西植恭奉恩命，自建昌承乏貴溪。下車即披}尋圖志，得康熙初畢令士俊、高令駿升續修二本，明以前各志無稽焉。畢志承兵燹之後，掇拾灰燼，初非完書。高志修於後十年，一仍舊貫，舛誤者聽，湮沒者聽，則無藉於後起矣……明年己巳，制憲黃公旌節南臨，百廢振飭，檄兩江郡縣各輯志乘……庚午春，輒吉開館，延邑諸儒之博雅者分司其事。而西植竊從案牒餘暇，商榷以董其成。自春徂秋，稿始犁定……（乾隆庚午菊月）

【按】是志於乾隆十五年庚午開局纂集，至當年秋，「稿始犁定」，剞劂未竟事，華氏以「罣誤」解官去。華序自署為十五年菊月，正當新任署縣事楊士奇接篆之際；至十六年二月，李承弼就任貴邑知縣。楊、李俱有序，皆署為辛未（十六）年，知此書刻成在是年，楊、李二氏繼華氏而竟其志焉。《續修四庫全書提要》曰：「書成，釐為二十四卷，計有星野、沿革、形勝、山、水、城垣、廨署、學校、都鄙、戶口、賦役、物產、風俗、水利、兵防、武事、祠廟、古跡、橋、亭、坊、墓、祥異、秩官、選舉、列傳、藝文、撰著、雜記二十九目。舊志於唐、宋、

元、明人物失載極多，此志博采諸史，先賢文集、故家譜系暨凡古剎郵亭、窮崖荒墓、殘碑斷碣，參互考證，增入者殆十之五。所采各書俱注於末，以別舊志。其仍舊志原文者，亦皆注明。而其所補諸傳，考核皆極精確……各類緣起所作諸序，雖皆寥寥短篇，而皆與本邑有關，非泛引《周禮》，徒為厄贅者。是皆此志之長。惟倪、璩二公與天師世家同入封爵一類，而事蹟則一見於名宦，一見於仙釋，其體例不無參差。又關於輿地者，但著沿革形勝，而不及於疆域，則又不免於疏略矣。」

〔乾隆〕貴溪縣志[2] 十四卷首一卷

鄭高華修鄭高華，潮陽舉人，乾隆四十七年知貴溪縣事。

清乾隆四十九年（1784）刻本　存

光緒《江西通志》藝文略：《貴溪縣志》乾隆四十九年知縣鄭高華修。

《中國地方志聯合目錄》。

鄭高華序前令華燕麓先生修輯後，歷今復三十餘年矣，則志之有待於補葺者正自不少。我太守連，才擅三長，合郡邑志一時纂輯成編……（乾隆四十九年孟夏）

〔道光〕貴溪縣志三十二卷首一卷

胡宗簡修　張金鎔等纂胡宗簡，湖北鐘祥人，乾隆五十九年舉人，道光三年知貴溪縣。　張金鎔，號範堂，邑人，嘉慶三年舉人，瑞金縣教諭，屢掌教象山書院。

清道光四年（1824）刻本　存

光緒《江西通志》藝文略：《貴溪縣志》三十二卷道光三年知縣陶堯臣、四年知縣胡宗簡先後修。

《中國地方志聯合目錄》。

胡宗簡序舊志修於乾隆甲辰，距今已四十年。旋奉大府檄各邑續修，以備省志之採擇……遂諏吉開館，而延邑中博雅端謹者數人司其事。余簿書之暇，亦過而加商榷焉……書成，邑之人問序于余……（道光四年仲冬月）

【按】是志列目三十有二：星野、沿革、形勢、城池、山川、水利、學校、公署、書院、田賦、風俗、土產、兵衛、武事、津關、驛鹽、古跡、封爵、秩官、選舉、名宦、人物、寓賢、列女、仙釋、方伎、祥異、祠廟、塋墓、寺觀、藝文、雜記。《續修四庫全書提要》評曰：「舊志有天師世家一卷，殊失體裁，此志刪之，是也。惟其徵引詩文，其附於本文後者；又有於本文後注明『某人有文，某人有詩，見藝文』者；又有其詩不悉登載，但注明『某人有文，某人有詩』者。在作者以為因篇幅之長短隨時制宜，然亦太無定例矣。舊志小注極多……此志刪節過多，亦殊非是。」

〔同治〕貴溪縣志十卷首一卷

楊長傑等修　黃聯珏等纂楊長傑，號俊卿，湖北應山舉人，咸豐三年、同治三年、同治八年三任貴溪知縣。　黃聯珏，字謙三，邑人，同治六年舉人。

清同治十年（1871）刻本　存

朱士嘉《美國國會圖書館藏中國方志目錄》。

《中國地方志聯合目錄》。

沈鎔經序辛未，奉遷是邑……菲貴，值修志之成……是志條分縷晰，綱目整然，其詞簡而賅，其體嚴而正，刪繁剔偽，不濫不敷，皆彬彬博雅諸君子之力也，余絕未與其事，何從贊一詞……（同治十年仲秋下浣）

【按】沈鎔經於同治十年來知貴溪，適志成，因得而序之。此志僅有沈氏一篇序文，且於修志始末未置一詞。考卷首「修志銜名」，總修為知縣楊長傑、代理貴溪縣事宋秉鈞（號菊泉，浙江山陰監生，同治九年六月到任）、署縣事劉錫琪（號乃山，湖北黃岡附貢生，同治九年七月到任）、知縣沈鎔經（號芸閣，浙江烏程進士，同治十年七月到任），協修為教諭謝希楨、訓導周栐雲等，分纂則邑舉人黃聯珏、邑舉人項之格（字介庵）、邑舉人楊時雨（字樹滋，號潤齋）、邑人候選教諭應運隆（號泰階，辛酉拔貢）等四人。由此推之，此志始修在同治八年或九年，成稿於十年，刻工竣事則在十年七月以後。又本書《凡例》曰：「此次重修，為綱十，為目五十有四，悉遵憲定通志體例。」其十綱為地理、建置、食貨、學校、武備、職官、選舉、人物、藝文、雜類。《續修四庫全書提要》曰：「此志所立沿革表，考據極精，凡舊志沿訛之處，悉為更正。如獻帝興平元年上標題『三國吳』，竟似吳獻帝矣，且其時漢未禪魏，獻帝為天下共主，孫吳特竊據一方耳，烏可紀共主之年而冠以竊據之號乎。他如梁開平二年，唐尚未亡，時貴溪為吳楊所有，楊奉唐朔，較愈朱梁之僭纂，不得尊梁而偽吳也。諸若類此，皆更之餘，注其所據……又其食貨志對於田賦額征，學校志對於學田，藝文志書目必載其

序跋，皆極有法，堪稱佳著。惟其文征所搜太濫……且有時過守省憲所頒體例，本無可紀而強實篇幅，是皆此志之微疵。」

▶ 餘江

　　餘江舊名安仁，其置邑可上溯至西晉。舊錄云邑固有志，亡於正德兵燹，故以嘉靖知縣蕭時中所修為邑志首修，前此則無考。張國淦《中國古方志考》自《永樂大典》中輯得縣經一種，早於嘉靖志不啻百數十年。茲又輯錄明志三種、清志六種，今存者康熙邱志以下五種，一邑文獻於此燦然備焉。

　　晉惠帝元康元年，析餘汗縣晉興鄉置晉興縣，屬鄱陽郡；永嘉七年改興安縣，尋廢。陳天嘉中，於興安故地置安仁縣。隋開皇九年，省入餘干。唐武德四年，於餘干縣晉興鄉置長城縣，八年省。宋端拱元年復置縣，名安仁，屬饒州。元屬饒州路。明、清屬饒州府。民國三年改名餘江。

（安仁）縣經

佚名修纂

修纂年不詳　佚

《永樂大典》卷八〇九三，十九庚，城仙人城（《鄱陽志》注），引《縣經》一條。

《中國古方志考》：《（安仁）縣經》佚。

《江西古志考》卷三：《（安仁）縣經》佚卷數、撰人。

【按】崇禎縣志陳之美序曰：「安仁舊固有志，值姚源兵燹

之後，舊帙散佚，新緒闕焉。」知明正德以前邑有志，遭兵燹散
佚無存，後之著錄家均以嘉靖知縣蕭時中本為邑志首修，張國淦
《中國古方志考》自《永樂大典》輯得佚文一條，著錄為《（安
仁）縣經》一種，其撰年無考。此經在《大典》之前，早於嘉靖
蕭志至少百六十年。

〔嘉靖〕安仁縣志

蕭時中修　李崇才　吳汝新纂蕭時中，號鬥陽，永安人，由鄉舉
嘉靖間知安仁縣事。　　李崇才，字用文，號雙橋，浙江縉雲人，嘉靖間
任安仁縣學教諭。　　吳汝新，字勉之，邑人，嘉靖四年舉人，官德慶知
府，著有《管峰集》等。

明嘉靖四十四年（1565）稿本　佚

光緒《江西通志》藝文略：《安仁縣志》嘉靖四十四年知縣蕭
時中修。

吳汝新序邑侯蕭公治安之數載，政教修舉。乃謀諸學博雙橋李公，
率邑之子弟纂修邑志，而以校定之任屬諸衰朽……（嘉靖乙丑）

【按】康熙二十二年邑志邱象豫序曰：「安仁故有志，自明
正德間罹姚源寇亂，已莫可考。嗣經嘉靖、萬曆兩修，俱係手
鈔，至崇禎丙子修於熊君兆禎，始有刻本。」是蕭志未經梓刻，
其鈔本康熙中尚有也。

〔萬曆〕安仁縣志四冊

佚名修纂

明萬曆二十一年（1593）稿本　佚

明天啟四年（1624）抄本　佚

光緒《江西通志》藝文略：《安仁縣志》萬曆二十一年修。

許伯衡序天啟四年，余以公務至安仁，問志於胡令。令無以應，云：有稿，未刻也。既而令調繁高安，余承乏來署縣事……亟求其志稿觀之。縣無稿，稿在諸生家。始求得二冊，漫漶不全。再索之，得四冊。盡一日讀之，見其敘述有法，文獻足徵，雖自為家稿，而識為縣乘，將冀久遠，亦足以知作者之苦心矣。志輯於萬曆癸巳之八月，至今上甲子之十月三十餘年，曾無有同志者過而問焉，久束高閣……余亟欲校正以付梓人，聞新令將入境，姑令胥吏錄之，以俟來者。錄成，聊敘所由。別錄一副本藏篋中，以備他日印證焉。（天啟甲子）

【按】據天啟抄本許伯衡序，此志成於萬曆癸巳（二十一年），係私輯，未嘗梓行。又康熙十二年縣志吳士驥序曰：「乃取（嘉）靖、（萬）曆二寫本及崇禎刻本參互考訂，釐舊增新……」知其時此志寫本及嘉靖、崇禎邑乘俱存。

〔崇禎〕安仁縣志

熊兆禎修　毛雲鵬等纂熊兆禎，字善符，湖廣江夏人，由歲貢崇禎七年知安仁縣。　　毛雲鵬，字少沖，號九淩，邑人，天啟元年舉人，官湖廣永興知縣。

明崇禎九年（1636）刻本　佚

光緒《江西通志》藝文略：《安仁縣志》崇禎九年知縣熊兆禎修。

熊兆禎序余承乏三年，人民風俗習而安焉。遵奉明旨，仰承上徵文考獻至意，有不得以茲刻為緩圖者。所幸邑中薦紳學士暨廣文僚案，翕然同志、相與有成，糾其散謬，詮其次第……（崇禎丙子）

【按】據康熙朱志吳序，崇禎志有刻本，康熙時尚存。其後則未之聞。

〔康熙〕安仁縣志[1]

朱在鎬等修　陳曦　吳士驥纂朱在鎬，松江舉人，由廣信推官降授饒州知事，康熙十一年署安仁知縣。　　陳曦，字震生，號夢陽，邑人，順治十四年舉人，授東鄉訓導，後任玉山教諭。　　吳士驥，字孟展，邑人，拔貢生，考授州同知。

清康熙十二年（1673）刻本　佚

光緒《江西通志》藝文略：《安仁縣志》康熙十二年知縣朱在鎬修。

朱在鎬序署事浹旬，捧檄修邑志者再。乃進學博賴公紀隆、孝廉陳君曦、明經吳君士驥、文學王政、蔡兆祉而諮詢焉，諸君子虛而慎，而余折衷之，閱月而告成……志成，而余謝事去，乃命侍書蒼頭錄之以上於郡大夫，其副本則藏之篋……（康熙癸丑）

吳士驥序壬子夏五，郡太公祖王公聿修郡志，驥從朱祖台暨孝廉陳君共襄其事。時邑父台程公亦以邑志見詢。方謀纂修，而程公遽捐館舍。至秋七月，朱祖台始來視纂……爰召士驥同孝廉陳君、庠友王君、蔡君，延之專館，朝夕編摩。乃取靖、曆二寫本及崇禎刻本參互考訂，釐舊增新，而一遵府志……癸醜春月，輯稿甫竟，而黃父台軺車已蒞錦江……乃取志稿捐俸授梓。夫是志也，以朱祖台董其事而美斯大，以黃父台集其成而盛斯傳。合兩公之鑒裁，成一邑之大典，安仁之志於是為不朽矣……（康熙癸丑）

【按】同治《安仁縣志》卷二十二職官，謂朱在鎬「順治年

間署縣事，接明季賢令熊兆禎後纂修邑志」。其說有誤。考吳（序），壬子（康熙十一年）夏五月，邑令程瀚謀纂邑志，而遽捐館舍；秋七月，朱氏始來視篆。又卷二十三名宦，程氏康熙二年來任，在任九年，卒於官。又康熙二十二年邑志黃家遴序：「余自癸丑筮仕安仁，適當雲間朱公在鎬攝篆，方奉憲檄纂修邑志，業有成書矣。余承襲厥美，捐俸刻焉。」又邱象豫序亦曰：「國朝康熙壬子，郡幕朱君在鎬署邑篆，銳意增修，甫脫稿，值黃公下車，更加刪潤，斯志遂成巨觀。」知朱氏以饒州知事署知安仁，時當在康熙十一年壬子秋七月，成稿於次年春，新令黃家遴捐俸授梓，乃有成書。

〔康熙〕安仁縣志² 八卷

邱象豫修　吳士驥等纂邱象豫，號慎庵，江南山陽人，貢士，康熙二十二年知安仁縣事。

清康熙二十二年（1683）刻本　存

光緒《江西通志》藝文略：《安仁縣志》康熙二十二年知縣邱象豫修。

《中國地方志聯合目錄》。

邱象豫序余不揣固陋，引為己任，周諮博雅之士，援據群書，參以近所見聞，甲寅以前間有訛者正之，遺者補之，增入甲寅以來，事必錄真，言必傳信……閱月始竣，捐俸付諸剞劂……（康熙癸亥）

【按】是志閱月竣事，其簡可知，僅就癸丑朱志略事訂補，復增入甲寅以後十年間事。書八卷，列為十二綱，曰輿地，曰建置，曰學校，曰秩祀，曰賦役，曰官師，曰人物，曰名宦，曰鄉

賢，曰烈女，曰藝文，曰雜志。

〔乾隆〕安仁縣志十卷首一卷

魏鉥修　鄭長瑞等纂魏鉥，號容齋，山東東阿舉人，乾隆九年知安仁縣。　　鄭長瑞，字遜碩，號退穀，邑人，雍正七年舉人，聘充湖南同考試官，授金溪縣學教諭。

清乾隆十六年（1751）刻本　存

光緒《江西通志》藝文略：《安仁縣志》十卷乾隆十六年知縣魏鉥修。

《中國地方志聯合目錄》。

刁鵬鬥序安仁一志，自淮陰邱君象豫修後莫有續之者，屈指計之蓋遙遙六十餘稔矣……本年七月，余奉憲委攝篆承乏。甫入境……珥筆之紳士攜所纂修志稿示余，且請余序……是舉也，始於庚午十月，竣於辛未十一月，前令東阿魏君鉥遵檄倡之，學博李君士珠贊之……館局分司則鄭君長瑞、明經洪君猷、徐君南傑、姜君青選……（乾隆辛未）

鄭冠序志經始於庚午仲冬，稿脫於辛未仲冬，登梓告竣，凡十卷，為目五十有七。是志也，制憲黃公倡之，振一邑大典，使百世信從，巨功實開其先。邑侯魏公、司諭李君繼其後，旋皆因公謝去。而洪州刁公祖來攝安篆，下車之日，即殷殷急諮志事，董厥大成……（乾隆辛未）

【按】此志知縣魏鉥經始於乾隆十五年庚午十月，十六年辛未五月稿成，而魏氏奉調去職。廣東龍門監生刁鵬鬥由臨江府通判攝理安仁縣印務，乃授諸剞劂，於十一月告竣。其書十卷，為綱亦十，為目五十有七。其十綱為輿地、建置、學校、秩祀、賦役、官師、選舉、人物、藝文、備志。《續修四庫全書提要》

雲：「此志可佳之點，為能正舊志之訛……又舊志賦役多有不符，此志取正於《賦役全書》，自康熙元年按年備錄，俾民生國計皆有所稽。惟全書不及武備，人物志亦過簡略，是為此志之失。」

〔道光〕安仁縣志[1] 十卷首一卷

陳天爵修　趙玉蟾　艾友蘭　鄭善徵纂陳天爵，號印山，雲南晉寧州舉人，嘉慶二十四年知安仁縣事。　趙玉蟾，原名步蟾，字見仁，號白山，邑人，嘉慶九年歲貢，即選儒學訓導。　艾友蘭，字定宇，號香榖，邑人，乾隆五十四年拔貢，候選教諭。　鄭善徵，字元長，號藹堂，邑人，嘉慶九年舉人，揀選知縣。

清道光四年（1824）刻本　存

《中國地方志聯合目錄》。

陳天爵序予以己卯歲來蒞茲土，既下車，取邑志觀之，即慨然有賡續之意……乃者大憲急以採風問俗為務，通飭所司舉修志乘，疊檄嚴催，克期解獻，於是予之素心乃相逼而得遂焉。爰偕學博李、鄭君暨邑中諸紳士妥議章程，蠲吉開館，延請品學並優之士主司筆墨。其規條篇目悉照舊例，缺者補之，新者增之，除疆里、賦役無所損益外，凡孝廉節義有關於倫紀、有繫於教化、有裨於政治之人之事，雖窮陬僻壤、小戶寒門，廣搜詳采，核實公呈，並數十年之人文科甲、名宦鄉賢，謹為登記。他如仙佛之廬、台榭之址、達官貴宦之墟墓、騷客詞人之篇什，皆其後焉者也……（道光三年）

鄭大琮序癸未歲，會逢各上憲台檄，催諸郡屬邑舉行修志盛典……予不敏，忝與贊修之列，愧乏斧裁之能。所幸趙君玉蟾、艾君友蘭等纂修

釐訂，邑侯陳以時鑒核，折衷至是。今稿成將付梓矣……（道光四年）

【按】此志志文十卷，卷一興地，卷二建置，卷三學校，卷四秩祀，卷五賦役，卷六官師，卷七選舉，卷八人物，卷九藝文，卷十備志。其書分門別類，以康熙癸亥邱志為粉本，訂訛補闕，又增以癸亥以後新事。其類例亦間有與邱志不同者，如：舊人物志隱逸之下附以耆壽，今附於卷末祥異中；備志內義民，舊列僑寓下，今易以義舉，特為一冊，以類相從；選舉志舊於歲貢後附以例貢、優行及國學、鄉賓，人物志舊於節孝後附以賢淑，今俱從簡，特已存者不刪，仍列備志末；賢淑中有應屬節孝者，謹予改正；舊志有儒行在理學後，又有懿行在備志中，今統以儒林。舉凡舊志與部院所頒章程不同者，一依新式。是志告於道光四年，嗣因「亥豕魯魚，訛舛滋訟」，陳氏乃再捐廉俸，重加修葺，於道光九年蕆事。

〔道光〕安仁縣志[2] 三十二卷首一卷

陳天爵　沈廷枚修　鄭大琮　彭祖棟纂沈廷枚，號諧堂，江蘇青浦人，乾隆五十四年拔貢，道光九年知安仁縣。　　鄭大琮，字次璧，號黃圃，靖安舉人，道光三年任安仁縣訓導，卒於官。　　彭祖棟，字宮表，號芝岩，奉新舉人，道光八年安仁縣學訓導。

清道光九年（1829）刻本　存

光緒《江西通志》藝文略：《安仁縣志》三十二卷道光六年知縣陳天爵修。

《中國地方志聯合目錄》：《安仁縣志》三十二卷首一卷清道光六年刻本。

陳天爵序道光二年，大憲議修通志，預飭各郡州邑纂修解獻，以備采登。乃集邑人而共籌之，無不欣然樂從。甲申歲，蠲吉開館，延請多士主司筆墨，期年亦自告成。無何，鏤版其方畢矣，度支其告匱矣。而筆削貽誤，康瓠則以賞心錄，玠璜則以腹誹遺，是非失實，辨訟繁興，鼠牙雀角之爭，半歸志乘……予用是再捐廉俸，另擇名儒，相與妥議章程，遵省式，改前修，正訛補闕，因舊增新，稍乖體例者斟酌變通，以求盡利。簿書之暇，予復時時過而商榷……（道光丙戌）

沈廷枚序前邑侯陳印山先生已於四年中會集邑人士纂修告竣矣。嗣因亥豕魯魚，訛舛滋訟，乃延請前任司訓鄭君黃圃重新參訂，而自總其成。剞劂甫完，刷印未就，而陳侯、鄭君後先捐館，於是邑人士之襄其事者呈原稿以請序於予……

【按】道光四年志成，「而紀載之體、繁簡之宜、去取之公，未盡符式，不洽輿情」，滋生訟爭。知縣陳天爵乃重開館舍，另擇名儒，復予修葺。始事於道光六年丙戌五月，稿脫於是年十一月。至道光九年，剞劂甫完，刷印未就，而陳氏棄世。新任知縣沈廷枚繼其事，「折衷而潤色之」，於當年夏五月畢竣其工。此書體例遵依省頒章程，於舊修有所變通；有章程未備而舊志特詳者，則隨類附書，以期新式、舊篇並行不悖。

〔同治〕安仁縣志三十六卷首一卷末一卷

朱潼修　徐彥楠　劉兆傑纂朱潼，號蓮莊，浙江歸安監生，同治五年知安仁縣。　徐彥楠，號崧喬，豐城人，咸豐九年副榜，同治七年任安仁縣教諭。　劉兆傑，號軼齋，新昌人，咸豐元年舉人，同治七年任安仁縣訓導。

清同治十一年（1872）刻本　存

《中國地方志聯合目錄》。

朱潼序適大憲有飭郡縣修志之檄，將以備省志之搜羅。爰集邑紳而共謀之，咸翕然稱善，照舊募貲，遍示合境，慎選公正老成出襄其事。議定，即於儒學開局。惟和惟一，無濫無遺，所有訂訛補闕，仍舊增新，一一皆詳核不苟……（同治十一年四月）

徐彥楠序同治庚午，適大憲奏修省志，檄各郡邑纂修，解省供採擇。爰集紳議，仿舊籌貲，署榜四境，即諏吉啟局於儒學廳署……越數月，稿成，將付棗梨，而度支告匱。邑紳潔清自好，始終勤謹，不以費之莫繼而少懈。節冗用集，刊資漸次就理。易歲而工告竣……（同治十一年孟夏月）

【按】據本志凡例，安志之修，乾隆辛未多因康熙癸亥，道光丙戌雖以辛未為粉本，而門類絕不相蒙。此屆修志，依照新頒程式，為綱十，為目五十有四。其十綱為地理、建置、食貨、學校、武備、職官、選舉、人物、藝文、雜類。凡例又曰：舊志有目無綱，舊志之目間有為新例之綱者，所弁小引均屬散文，茲於十綱之首仿照雍正通志體例，改用四言韻語，庶綱目不至混淆；其舊有之文，仍存不廢。而各類小目，除遵新例增易外，餘悉仍舊。又舊志記載間有未合者，此志皆特為改正，並加按語說明。

（以上今鷹潭市）

第四章

九江市

▶ 九江

　　九江為郡，德化置縣，由來甚古，又為江右名區，南北通衢，故其志乘亦甚蕃。今錄得郡乘三十有六，縣志凡七，今存者郡志五種，縣志五種。其佚志有未見著錄於歷代官私書目者，多輯自唐宋以來之地理總志及類書。各書引錄舊志，多不用其志原名，能指辨其年代、撰人者更屬罕見，雖據其佚文條分縷析之如次，仍有未能考詳者，若同名異書及異名同書之類，其有待於後賢焉。另有如清王朝《寓潯稽古錄》者，或詳於山川勝跡，或著意人物史實，此類甚多，咸於一地之文獻者有所未備，其名雖著，是亦不宜專錄之。

　　漢豫章郡柴桑縣，新莽改稱九江亭，東漢初復故名。魏黃初二年，孫吳置武昌郡，柴桑屬焉。晉永興元年，徙廬江之尋陽縣於此，與柴桑並屬尋陽郡；義熙八年，省尋陽入柴桑。梁析柴桑置汝南縣。隋開皇九年，廢汝南、柴桑二縣，立尋陽縣，十八年更名彭蠡，大業初改名湓城，屬九江郡。唐武德四年，復潯陽縣；五年，分湓城置楚城縣；八年，省湓城入尋陽；貞觀八年，又省楚城入潯陽，為江州治。南唐改為德化縣，為奉化軍治。元江州路，領德化、瑞昌、彭澤、湖口、德安五縣，治德化。明九江府，領縣如元，仍治德化。清仍明。民國三年，改德化縣為九江縣。

〔晉〕九江圖一卷

張須無纂張須無，南陽宛人，徙居尋陽，世為州別駕從事。

晉修本　佚

王謨《江西考古錄》卷十，雜志，九菌九曰菌江（張僧監《尋陽記》），引張須無《九江圖》一條。

王謨《豫章十代文獻略》卷二十八文苑：張須無，尋陽人，江州別駕從事，撰《九江圖》。按：《宋書·朝蕃傳》有張須無，不詳何許人。《南史·張孝秀傳》云：曾祖張須無，南陽宛人，徙居尋陽，世為江州別駕從事。則須無本尋陽人，所撰《九江圖》，不載隋、唐《志》，叺羅泌《路史》引「張須旡《九江圖》」，無、旡古字相通，故知須無撰有《九江圖》也。《隋書經籍志》有張氏《九江圖》。（又有劉氏《江圖》一卷，名亦未詳。）《史記正義》「九江孔殷」注引張鎮《九江圖》，疑即此書，而名氏異同未能詳也。

光緒《江西通志》藝文略：晉，九江圖張須無撰。

文廷式《補晉書藝文志》：張須無《九江圖》一卷《隋志》有張氏《江圖》一卷，蓋即此書。張彥遠《歷代名畫記》三云：圖三，劉氏，又一張氏。

黃逢元《補晉書藝文志》：江圖一卷張氏撰。見《隋志》，章宗源《考證》云：《尚書·禹貢正義》，張須元《緣江圖》云：一曰三裡江，二曰五州江，三曰嘉靡江，四曰烏土江，五曰白蚌江，六曰白烏江，七曰菌江，八曰沙提江，九曰廩江。（陸氏《釋文》亦稱張須元《緣江圖》。）《通典》州郡門注稱張須《九江圖》。（據《書疏》，須元乃雙名；《通典》注則須為單名。）《史記·夏本紀索隱》稱張湏《九江圖》。（湏與須字相似而訛。）按此當即《隋志》所稱張氏《江圖》。無按：《南史·隱逸傳》

有張孝秀，雲南陽宛人，徙居尋陽，曾祖須無，祖僧鑒，父希，並別駕從事。僧鑒，《新唐志》有《潯陽記》二卷，父子世其家學。須無當即須元，蓋用齊賓須無名。無，古通作无，因譌為元，亦如須訛為滇也。孝秀梁普通三年卒（《梁書·處士傳》雲時年四十二）。須無其曾祖，知是晉人。

【按】此書內容今無以稽考，文廷式《補晉書藝文志》謂其「具載八州曲折成江者」，而光緒《通志》以此書與張僧鑒《尋陽記》並錄於史部地理類山川之屬，是二書性質無大異，皆得以地志目之。

〔晉〕尋陽記二卷

張僧鑒纂張僧鑒，晉南陽人。

晉修本　佚

《文選》卷二十六，詩謝靈運《入彭蠡湖口》注，引張僧鑒《潯陽記》一條。

《藝文類聚》卷四十四，樂部四，蕭康王谷，引《潯陽記》一條。又，卷九十六，鱗介部上，蛟董奉除蛟，引《尋陽記》一條。

《初學記》卷五，總載山第二石鏡；卷七，驪山湯第三潮泉；引張僧監《潯陽記》二條。

《太平廣記》卷一六三，讖應溢口城中銘，引張僧鑒《潯陽記》一條。

《太平禦覽》卷四十一，地部六，山廬山，引張僧鑒《記》一條。又，卷一九四，居處部二十二，亭稽亭；卷七七一，舟部四，舺柯陶桓公舺柯；卷九五八，木部七，楠交讓樹；引《潯陽記》三條。

《輿地紀勝》卷二十五，南康軍，景物下石照山，引張僧鑒《潯陽記》一條。又卷三十，景物上三宮，引張僧鑒《記》一條。

《說郛》（百二十卷本）卷六十二潮泉、湓口城、康王谷、董奉除蛟、稽亭、交讓樹、山桃、楓子鬼，引張僧鑒《潯陽記》八條。

《永樂大典》卷六六九七，十八陽，江九江府（碑碣）（《九江府志》）；卷八〇九二，十九庚，城湓口城；卷九七六二，二十二覃，函石函（《能改齋漫錄》）；引張僧鑒《尋陽記》三條。

王謨《江西考古錄》卷三，山阜廬山；卷十，雜誌九日菌江；引張僧監《尋陽記》二條。

王謨《豫章十代文獻略》卷三十六，道家匡俗，引張僧監《尋陽記》一條。

文廷式《補晉書藝文志》史部：張僧鑒《尋陽記》二卷（據《豫章十代文獻略》引《豫章書》，題二卷。）見《新唐書》。《說郛》中有此書。按：《江圖》《尋陽記》《初學記》《世說新語注》多引之。《永樂大典》卷六千三百三十九引《江州志》云：張僧鑒，南陽人，父須無，徙尋陽，世為州別駕從事。僧鑒善屬文，先是，須無嘗作《九江圖》，具載八州曲折成江者九，僧鑒因之遂作《尋陽記》。後又有張密者，不知何許人，亦著《九江新舊錄》，或曰其裔也。《尚書·禹貢正義》引張須元《緣江圖》，元蓋無字之誤。

章宗源《隋書經籍志考證》：《潯陽記》卷亡，張僧鑒撰，不著錄。《文選》謝靈運《入彭蠡湖詩》注：石鏡山東有一圓石懸崖，明淨照人見形。《初學記》地部：雞籠山下澗中有數十處累石，若有人功，朝夕有湧泉溢出，號為潮泉。《太平廣記》讖應類：湓口城井中銘，孫權以為己瑞。並引張僧鑒《潯陽記》。《水經·廬江水注》：廬山上有三石梁，吳

猛將弟子登山過此梁，見一翁坐桂樹下，以玉杯盛甘露漿與猛。《世說‧棲逸篇》注：庾亮薦翟湯征國子博士，不赴。《尤悔篇》注：庾亮拔周邵為西陽太守。並稱《潯陽記》，不著撰名。《尚書‧禹貢正義》：一曰烏白江，二曰蚌江，（又見本篇：一曰烏江，二曰烏白江。）三曰烏土江，四曰嘉靡江，五曰畎江，六曰源江，七曰廩江，八曰提江，九曰菌江。（《初學記》地部同。《史記索隱‧夏本紀》：九江者，烏江、蚌江、烏白江、嘉靡江、沙江、畎江、廩江、提江、菌江。）此稱《潯陽地記》。（《初學記》《史記索隱》省地字。）

姚振宗《隋書經籍志考證》史部：《尋陽記》張僧鑒。

《唐書藝文志》史部：張僧監《潯陽記》二卷。

《通志藝文略》：《尋陽記》二卷張僧監撰。

《江州志》《永樂大典》卷六六九七，十八陽，江，九江府（文籍）：張僧鑒《尋陽記》一卷。

《國史經籍志》卷三。

《豫章十代文獻略》卷二十八文苑：（張）僧鑒撰《尋陽記》二卷見《唐書藝文志》。今《說郛》中有其書，蓋從唐人諸類書抄錄，非原本也。

光緒《江西通志》藝文略。

《中國古方志考》。

《江西古志考》卷四。

【按】尋陽縣，晉隋間幾度置廢，至唐武德間延長置，縣名始加水作「潯陽」。後人引晉隋舊籍，往往依後制寫作「潯陽」。今輯諸書引張僧鑒《記》，或作《潯陽記》，或作《尋陽記》，一依諸書所引之舊，不復逐條辨說。又《藝文類聚》《太平御覽》

引錄數條，有不題撰人但文字與他書所引張《記》無異者，並錄
於此，而不入佚名《尋陽記》。

〔晉〕九江記

何晏纂何晏，字平叔，河南宛人，官至駙馬都尉，封關內侯。

晉修本　佚

《說郛》（百二十卷本）卷六十一神泉、溢城、匡廬、泉穴、石
人，錄晉何晏《九江志》五條。

《中國古方志考》：《九江記》晉，何晏纂。按：《說郛》本題晉
何晏。其神泉條，宋紹興間皇甫履隱斯山，當是後人羼入。

《江西古志考》卷四：《九江記》晉，何晏纂。按：王謨《漢唐
地理書鈔》初編本總目作何晏《九江志》，重訂本前編第四冊目錄中作何
晏《九江記》。王氏此書以「大耋已至，貧病交加」及「資斧不繼」而中
輟，原擬前編二百四十九種，今本所見僅七十種，未及刊行者十之六七，
且江西地志均在未刊之列，惜乎今無以窺知其面目。

尋陽記

王真之纂

修纂年不詳　佚

《永樂大典》卷六八三〇，十八陽，王王羲之，引王慎之《尋
陽記》一條。

《江州志》《永樂大典》卷六六九七，十八陽，江，九江府（文籍）：
王真之《尋陽記》。

《中國古方志考》：《尋陽記》佚。王縝之纂。

《江西古志考》卷四：《尋陽記》王真之纂。按：王真之年里不詳。《中國古方志考》作王纘之，並於山謙之《尋陽記》目下按曰：「晉宋《尋陽志》有張僧鑒、山謙之、王纘之」，直指為晉宋人，不知何據。《大典》輯文「王羲之」條記羲之施宅為寺，又歸宗寺墨池、鵝湖遺跡。考《大典》卷六六九八「九江府」（寺院）錄《江州志》所記，歸宗寺創於吳赤烏二年，則羲之所施為寺似又非此，今無以知其詳，亦不能據此推斷是《記》之是否成於晉宋，姑從張氏之說置於此。

〔南朝宋〕尋陽記

山謙之纂

劉宋朝修本　佚

《世說新語》棲逸篇注、尤悔篇注，引《尋陽記》二條。

《水經‧廬江山注》，引《尋陽記》一條。

《尚書‧禹貢正義》，引《潯陽地記》一條。

《史記‧夏本紀索隱》，引《潯陽記》一條。

《藝文類聚》卷十九，人部三，嘯桓宣穆；卷七十，服飾部下，鏡石鏡；引《潯陽記》二條。又卷六，地部，岩靈岩，引《尋陽記》一條。

《初學記》卷六，江第四敘事；卷七，驪山湯第三敘事；卷八，江南道第十盆水；引《潯陽記》三條。

《太平御覽》卷七一七，服用部，鏡石鏡，引山謙之《尋陽記》一條。又，卷四十一，地部，廬山五老峰、上霄峰、紫霄峰、陶潛栗里；卷五十四，地部十九，谷康王谷；鄭六十九，地部三十四，洲鸊洲；卷七十，地部三十五，泉水潮泉；卷七十五，地

部四十，灣蠡湖西灣；卷一七〇，州郡部十六，江州沿革；卷三七三，人事部十四，毛毛人；卷六〇五，文部二十一，墨石墨；卷九一九，羽族部六，鴨周訪；卷九三〇，鱗介部二，蛟城東門蛟；卷九九六，百卉部三，紫草石井山；引《尋陽記》十四條。又，卷五十二，地部十七，石下石鏡；卷五十四，地部十九，穴石穴；卷一八九，居處部十七，井井銘；卷三九二，人事部三十三，嘯桓宣穆；引《潯陽記》四條。

《太平寰宇記》卷一〇九，江州州沿革；德化縣黃金山、九江；都昌縣石鐘山；引《潯陽記》四條。

《輿地紀勝》卷二十五，南康軍，風俗形勝金闕玉房；景物上潮泉、蓮池、褊槽；景物下黃龍山、青牛谷；古跡唐君廟；引《潯陽記》七條。又，卷三十，江州，景物下白馬江、垂魚洞、飛魚遲、石鼓山、黃金山，引《尋陽記》五條。

《永樂大典》卷六六九七，十八陽，江九江府（碑碣）（《江州志》注）；卷六七〇〇，十八陽，江九江府（神廟）（《江州志》注）；引《尋陽記》二條。

王謨《江西考古錄》卷二，土地富口、桑落州；卷四，川澤廬江水、溢水；卷五，古跡康王谷、灌嬰井、禹刻石、稽亭；卷七，物產交讓、鐘乳；卷八，故事牂柯；引《尋陽記》九條。

王謨《豫章十代文獻略》卷八陶潛栗里，引《尋陽記》一條。

《中國古方志考》：《尋陽記》宋，佚，山謙之纂。

《江西古志考》卷四：《尋陽記》山謙之纂。按：《御覽》卷七一七引山謙之《尋陽記》「石鏡」一條，卷五十二引佚名《尋陽記》「石鏡」條，其事相同，文字有異，似出自兩書。而《文選》卷二十六謝靈運《入

彭蠡湖口》詩注引張僧鑒《潯陽記》記石鏡、《藝文類聚》卷七十引佚名《潯陽記》「石鏡」條，則又與《御覽》卷五十二所引略同，不知是否俱出張氏《記》。山謙之有《南徐州記》、《吳興記》（見錄《隋志》）及《丹陽記》等，隋唐以來諸書多有引錄，唯其《尋陽記》，今只得《御覽》引一條。《世說》注、《水經注》、《藝文類聚》等引《尋陽記》（或作《潯陽記》）多條，俱不係撰人，其文所記間有可考者，多為隋唐以前故事，蓋出自晉宋尋陽舊乘。以上輯文，今無以辨其所自，姑一併錄於山謙之《記》，不復分別考之。

〔唐〕九江記

佚名修纂

唐修本　佚

《太平御覽》卷四十八，地部十三，山馬當山；卷六十六，地部三十一，湖彭蠡湖；引《九江記》二條。

《江西考古錄》卷四，川澤落星湖；卷五，古跡萍實裡；引《九江記》二條。

《豫章十代文獻略》卷二十三孝友；卷四十七別傳；引《九江記》二條。

《太平御覽·經史圖書綱目》：《九江記》。

《中國古方志考》：《九江記》佚。

《江西古志考》卷四：《九江記》唐，佚卷數、撰人。按：王謨《漢唐地理書鈔》有《九江記輯本》，按曰：「《御覽》、《廣記》書目並列此《記》，當屬隋唐前人所撰，而隋、唐《志》不載。如《御覽》所云，自關地理，《廣記》特異言語軼事而已，然亦可資談柄，入九江志乘，故

並鈔出，《御覽》二條，《廣記》五條，而以廬山、九江圖經冠焉。」張氏《中國古方志考》將是《記》錄置劉宋山謙之《尋陽記》之前。今考《御覽》「彭蠡湖」條引《九江記》曰：「在尋陽縣東南，與都昌縣分界。」據《隋書・地理志》，開皇十八年改尋陽縣為彭蠡，大業初又更名湓城。新、舊《唐書・地理志》，武德四年復置湓陽縣。又據《太平寰宇記》，唐武德五年，割鄱陽西地置都昌縣。《九江記》佚文言及都昌縣，其書必修於唐武德之後無疑。又此條曰「尋陽縣」，「尋」當作「潯」，即唐武德四年復置縣。

〔唐〕九江新舊錄三卷

張容纂張容，江州潯陽人。

唐修本　佚

《輿地紀勝》卷三十，景物下玉華洞，引《潯陽新舊錄》一條。

《永樂大典》卷一三〇七五，一送，洞玉華洞（《輿地紀勝》），引《潯陽新舊錄》一條。

《唐書藝文志》：張容《九江新舊錄》三卷咸通人。

《宋史藝文志》：張修《九江新舊錄》三卷。

《崇文總目》卷四：《九江新舊錄》三卷。

《通志藝文略》第四：《九江新舊錄》三卷唐張容撰。

《江州志》《永樂大典》卷六六九七，十八陽，江，九江府（文籍）：張密《九江新舊錄》三卷。

《國史經籍志》卷三。

《豫章十代文獻略》卷二十九文苑：張容，江州尋陽人，著

《九江新舊錄》三卷。按:《唐書・藝文志》,張密、張容俱不詳何許人。今考張氏為尋陽舊族,若須無有《九江圖》,僧鑒有《尋陽記》,則密、容二人當為江州尋陽人無疑。

光緒《江西通志》藝文略:《九江新舊錄》三卷張容撰。

《中國古方志考》:《九江新舊錄》三卷唐,佚,張容撰。

《江西古志考》卷四:《九江新舊錄》三卷唐,張容纂。按:《九江新舊錄》,諸家均題作唐人張容撰,唯《永樂大典》卷六六九七,十八陽,江,九江府(文籍)所錄《江州志》作:「張密《九江新舊錄》三卷」。文廷式《補晉書藝文志》「張僧鑒《尋陽記》二卷」條下注曰:「(張密)亦著《九江新舊錄》」。今檢《唐書・藝文志》有張容《九江新舊錄》,又張密《廬山雜記》,兩書比連駢錄,《江州志》錄《九江新舊錄》撰者為張密,蓋據《唐志》而偶誤。又,《輿地紀勝》引《尋陽新舊錄》《九江錄》兩種,前者當即是書。張國淦氏以為《九江錄》即《九江新舊錄》,不知所據,今仍分別錄之。說詳《九江錄》考。

九江錄

佚名修纂

修纂年不詳　佚

《太平御覽》卷一七六,居處部四,樓庾公樓,引《九江錄》一條。

《輿地紀勝》卷二十五,南康軍,仙釋青牛道士;卷三十,江州,景物下獅子峰;引《九江錄》二條。

《太平御覽經史圖書綱目》:《九江錄》。

《江西古志考》卷四:《九江錄》佚卷數、撰人。按:《九江

錄》，《御覽》引一條，《紀勝》引兩條，均不繫撰人。張國淦氏《中國古方志考》僅得《紀勝》引「青牛道士」一條，斷為唐張容《九江新舊錄》。今考此條引《九江錄》「昔有青牛道士洪志乘青牛得道於此」，下接有「唐人楊衡詩云……」所引楊衡詩，是《九江志》原文，還是王象之《紀勝》另引，不得而知，故張氏指《九江錄》即張容《九江新舊錄》，難以據信。今另行著錄，存疑俟考。

（江）州圖經

佚名修纂

修纂年不詳　佚

《太平御覽》卷六十五，地部三十，水甘泉水（《九江圖經》），引《州圖經》一條。

《太平寰宇記》卷一一一，江州，德化縣落星山，甘泉水，宮亭廟，浪井；瑞昌縣縣沿革；引《州圖經》五條。

《中國古方志考》：《江州圖經記》佚。

《江西古志考》卷四：《（江）州圖經》佚卷數、撰人。按：《寰宇記》「甘泉水」引「州圖經記云……」張國淦據此錄作《江州圖經記》一書，列置《九江圖經》之下。今輯《御覽》「甘泉水」條錄《九江圖經》引《州圖經》，其文與《寰宇記》所引相同，兩處引文當出自一書，書名為「（江）州圖經」，《寰宇記》引文當斷作「《州圖經》記云」，不作《（江）州圖經記》。且是書既為《九江圖經》所引，必先於《九江圖經》成書。今觀該書佚文，多記漢晉故事，似隋唐以前人所撰。

九江圖經

佚名修纂

修纂年不詳　佚

《太平御覽》卷六十五，地部三十，水甘泉水，引《九江圖經》一條。

《太平御覽經史圖書綱目》：《九江圖經》。

《中國古方志考》。

《江西古志考》卷四。

〔宋〕（江州）前志

佚名修纂

宋修本　佚

《永樂大典》卷六六九八，十八陽，江，九江府（祠祀）（《江州志》注），引《前志》一條。

《江西古志考》卷四：《（江州）》前志宋，佚卷數、撰人。按：是志僅見《大典》所錄《江州志》注引一處，記有毀唐紫極宮太清殿老子與唐明皇像鑄錢事。考李唐自稱系出老子，尊老子為玄元皇帝，毀老子及明皇像鑄錢，必非唐人所為。又據《江州志》本文，宋大中祥符三年詔改德化縣天慶觀作聖祖殿，知本志當修於祥符三年以前，以在《江州志》之前，故稱「前志」，此書原名今未可考。

〔開寶〕江州圖經

佚名修纂

宋開寶間修本　佚

《輿地紀勝》卷三十，江州，景物下歇馬台，引《舊圖經》一條。

《明一統志》卷五十二，九江府，宮室歇馬台，引《舊圖經》一條。

《江州志》《永樂大典》卷六六九七，十八陽，江，九江府（文籍）：開寶《江州圖經》。

《中國古方志考》：《（江州）舊圖經》佚。

《江西古志考》卷四：《（江州）舊圖經》宋，佚卷數、撰人。

按：《輿地紀勝》引《舊圖經》《祥符圖經》《圖經》三種，據佚文考之，《圖經》晚出於《祥符圖經》甚明。《舊圖經》雖撰年無考，此稱「舊」者，當先成於《祥符圖經》。又，《大典》卷六六九七「九江府（文籍）」引《江州志》所錄宋修《江州圖經》三種，一為開寶修本，一為祥符修本，一為大觀修本。此《舊圖經》當為開寶年間所修。

〔宋〕（江州）舊經

佚名修纂

宋修本　佚

《輿地紀勝》卷三十，江州，景物下玉清觀；四六赤松山畔；引《舊經》二條。

《永樂大典》卷六七〇一，十八陽，江九江府（古跡）（《輿地紀勝》），引《舊經》一條。

《江西古志考》卷四：《（江州）舊經》宋，佚卷數、撰人。

按：《紀勝》引《舊經》曰：「（玉清）觀中有南唐碑」，「此碑之文乃作於南唐之甲戌」。南唐甲戌當宋開寶七年，則是《舊經》修於宋開寶以後無

疑。張國淦氏斷此《舊經》即《舊圖經》，疑未核，今不從。

〔祥符〕江州圖經

　　李宗諤等修李宗諤，字昌武，饒陽人，進士，官至右諫議大夫，修文宗實錄，有文集六十卷等行世。

　　宋大中祥符三年（1010）修本　佚

　　《輿地紀勝》卷三十，江州，景物上龍窟；官吏賢牧題名序；引《祥符圖經》二條。

　　《江州志》《永樂大典》卷六六九七，十八陽，江，九江府（文籍）：《祥符江州圖經》。

　　《江西古志考》卷四：《祥符（江州）圖經》宋，佚卷數。按：此《圖經》即宋大中祥符間李宗諤等所纂《州縣圖經》之一種。參見《祥符洪州圖經》考。

〔大觀〕江州圖經

　　佚名修纂

　　宋大觀間修本　佚

　　《江州志》《永樂大典》卷六六九七，十八陽，江，九江府（文籍）：《大觀江州圖經》。

　　《江西古志考》卷四：《大觀江州圖經》宋，佚卷數、撰人。

〔宋〕江州圖經[1] 一卷

　　佚名修纂

　　宋修本　佚

　　《輿地紀勝》卷三十，江州，州沿革晉惠帝割荆揚、隸江南西道；監司軍帥沿革都統司；風俗形勝南面廬山；景物上九江；引《圖經》五條。

　　《明一統志》卷五十二，九江府，郡名南面廬山，引《圖經》一條。

　　《宋史藝文志》：《江州圖經》一卷不知作者。

　　光緒《江西通志》藝文略：《江州圖經》一卷。

　　《中國古方志考》：《江州圖經》一卷佚。

　　《江西古志考》卷四：《江州圖經》一卷宋，佚撰人。按：《紀勝》輯文「都統司」條記宋紹興三十一年郡守王秬別創州學事，知所引《圖經》當修於紹興至嘉定間，是開寶、祥符、大觀三種《江州圖經》之外，又別有一種。《宋史藝文志》著錄《江州圖經》一卷，未詳其年代及撰人。張氏《中國古方志序》以《宋志》所錄一卷與《紀勝》所引為一種，今無由斷其是非，姑從而錄之，附說以俟考。

〔宋〕尋陽志

　　佚名修纂

　　宋修本　佚

　　《永樂大典》卷六六九八，十八陽，江九江府（祠祀）（《江州志》注），引《尋陽志》一條。

　　《江西古志考》卷四：《尋陽志》宋，佚卷數、撰人。未見著錄。按：今輯《尋陽志》佚文記有「彭澤縣有玉壺洞觀」，考《大典》本條引《江州志》所載湖口縣寺觀，有玉壺觀，曰：「在（湖口縣）走馬嶺，嘉泰三年徙額於彭澤以貫之」。又載彭澤縣玉湖洞觀曰：「舊在玉湖洞，今

額徙湖口」。據此可知，此《尋陽志》修成時，玉壺洞觀尚在彭澤縣，其志當成書於宋嘉泰三年徙額之前。又據《大典》卷六六九九，「九江府（寺院，開化院）」條云：「紹興甲子，僧道照得地寺西蟹坑」，推略此志成書，約在宋紹興間。

〔淳熙〕潯陽志十二卷

曹訓修　晁百揆纂曹訓，字子序，開封人，淳熙三年江州太守，淳熙中知贛州，十年知袁州。　晁百揆，字元采，官迪功郎。

宋淳熙三年（1176）修本　佚

《輿地紀勝》卷三十，江州，風俗形勝九江一水而名之曰九江，引晁氏《志》一條。

《永樂大典》卷六六九八，十八陽，江九江府（祠祀）（《江州志》注），引「晁氏」一條，又晁《志》一條。

《宋史藝文志》：晁百揆《尋陽志》十二卷

《直齋書錄解題》卷八：《潯陽志》十二卷迪功郎晁百揆元采撰，淳熙三年太守開封曹訓為之序。

《輿地紀勝》卷三十，江州，碑記：《潯陽志》曹訓序。

《江州志》《永樂大典》卷六六九七，十八陽，江，九江府（文籍）：晁百揆《尋陽志》十二卷。

《文獻通考經籍考》卷三十二。

《國史經籍志》卷三。

《中國古志考》。

《江西古志考》卷四。

〔宋〕潯陽志

佚名修纂

宋修本　佚

《輿地紀勝》卷三十，江州，縣沿革瑞昌縣；景物下東林寺；引《潯陽志》二條。又，州沿革軍校胡則；古跡尋陽縣城、楚縣城、上甲縣、九江縣、盆城縣、廣晉縣；引《尋陽志》七條。

《永樂大典》卷六六九九，十八陽，江九江府（寺院）（《江州志》注），引《潯陽志》一條。卷二二六〇，六模，湖宮亭湖；卷六七〇一，十八陽，江九江府（古跡）（《九江志》注）；卷八〇九二，十九庚，城尋陽縣城、九江廢縣城、廣晉廢縣城、楚縣城、盆城縣、廢上甲縣城；引《尋陽志》八條。

《江西古志考》卷四：《潯陽志》宋，佚卷數、撰人。未見著錄。按：《紀勝》引《潯陽志》二條，《尋陽志》七條，志題作「潯」或「尋」，蓋引者率意為之，初無分別，而以作「潯」為正。《紀勝》所引九條，張國淦氏輯得八條，俱斷歸晁百揆志名下，非是。考《紀勝》卷三十「東林寺」條引《潯陽志》云「自淳熙己酉回祿之後」，則是志當修於淳熙十六年己酉之後，非淳熙三年晁志甚明。但《紀勝》所引九條，是否有出之晁志者，今無以一一分辨，姑輯於一處。又《大典》引九條，其佚文多與《紀勝》所引相同，並輯於此。

（潯陽）郡志

佚名修纂

修纂年不詳　佚

《輿地紀勝》卷三十，江州，古跡柴桑故城，引《郡志》一

條。

《永樂大典》卷八○九二，十九庚，城柴桑故城，引《郡志》一條。

《明一統志》卷五十二，九江府，風俗人性淳樸，引《郡志》一條。

《中國古方志考》：《（尋陽）郡志》佚。

《江西古志考》卷四：《（潯陽）郡志》佚卷數、撰人。按：《紀勝》《大典》等引此書稱《郡志》，非其原名，原志名今不可考。是志當修於宋寶慶以前，疑即上錄潯陽郡志之一種。張國淦氏別作《（尋陽）郡志》著錄，姑從之。

〔宋〕（江州）舊志

佚名修纂

宋修本　佚

《永樂大典》卷六六九九，十八陽，江九江府（寺院）（《江州志》注）（二條）；卷六七○○，十八陽，江九江府（神廟）（《江州志》注）；卷六七○一，十八陽，江九江府（古跡）（《九江志》，又《九江志》注）；引《舊志》五條。

《江西古志考》卷四：《（江州）舊志》宋，佚卷數、撰人。未見著錄。按：是志《大典》「九江府，寺院（太平興龍寺）」「九江府，古跡（東林禪寺）」所錄《江州志》注引有兩條，俱轉抄自《元一統志》。《元一統志》始修於至元二十三年，其稱「舊志」者，當是前朝故乘。該志原名及撰年均失考，張國淦氏指為宋晁百揆《潯陽志》，未審何據，今分錄以俟考。

潯陽續志一冊

佚名修纂

修纂年不詳　佚

《文淵閣書目》舊志：《潯陽續志》一冊。

《中國古方志考》。

《江西古志考》卷四。

〔淳祐〕江州圖經志

佚名修纂

宋淳祐間修本　佚

《永樂大典》卷八〇九二，十九庚，城<small>九江府城</small>；卷一九七八一，一屋，局<small>育嬰局</small>；引淳祐《江州圖經志》二條。又，卷二七四一，八灰，崔<small>崔嘉彥</small>；卷七二三六，十八陽，堂<small>三賢堂</small>；卷七五一六，十八陽，倉<small>大軍倉</small>；卷八〇九二，十九庚，城<small>德安縣城、瑞昌縣城、湖口縣城、彭澤縣城</small>；引《江州圖經志》七條。

《中國古方志》：淳祐《江州圖經志》宋，佚。

《江西古志考》卷四：淳祐《江州圖經志》<small>宋，佚卷數、撰人</small>。按：《大典》引淳祐《江州圖經志》兩條。又引《江州圖經志》七條，未署修撰年號，考其佚文「彭澤縣城」條，記有宋嘉熙中趙崇事，在淳祐之前，張國淦氏斷為淳祐志，不誤。

〔宋〕江州圖經[2]

佚名修纂

宋修本　佚

《永樂大典》卷三五二八，九真，門義門、陳氏義門、許氏義門，引《江州圖經志》三條。又，卷一九七八一，一屋，局嬰兒局，引《江州圖志》一條。

《江西古志考》卷四：《江州圖經》宋，佚卷數、撰人。未見著錄。按：南宋紹興至嘉定間所修《江州圖經》一種，見引於《輿地紀勝》，既已著錄。今又輯《大典》引《江州圖經》三條，其「義門」條曰「本朝皇祐間」，「陳氏義門」條曰「本朝平江南」。皇祐，宋仁宗趙禎年號，是志必為宋修本。「陳氏義門」條又載嘉定中「寧宗詔旌其門」，則當修於宋嘉定之後，與《紀勝》所引《江州圖經》非一書。《大典》又引《江州圖志》一條，載袁甫事蹟。甫字廣微，鄞人，嘉定七年進士第一，授職提舉江東常平。張國淦氏《大典輯本》將此二志佚文並歸淳祐《江州圖志》，疑近是，然因志名有異，尚無確證其必為淳祐修本，宜分別錄之，且將《江州圖志》附錄於此。

〔宋〕江州志

子澄纂子澄，姓氏不詳，宋理宗淳祐間任職江州。

宋修本　佚

《永樂大典》卷二二六六，六模，湖筐湖；卷二二七〇，六模，湖牛橋湖、鶴間湖、蛇口湖；卷二二七一，六模，湖會宮亭湖；卷二五四〇，七皆，齋淡台齋、鈴齋；卷二六〇三，七皆，台十八賢台、桂師台；卷二九九九，九真，人生物供人；卷三一四三，九真，陳陳瓅；卷三一四五，九真陳陳輔；卷六六九七，十八陽，江九江府（碑碣）、（文籍）；卷六六九八，十八陽，江九江府（祠祀）；卷六六九九，十八陽，江九江府（寺院）；卷六七〇〇，十八陽，

江九江府（庵岩）、（神廟）；引《江州志》十八條。

《江西古志考》卷四：《江州志》宋，子澄纂。按：《大典》所引《江州志》，實有宋、明兩種修本，同名異書，引者未予區分，張國淦《中國古方志考》及《大典輯本》亦混錄作一書，未作考辨，其誤明矣。茲輯《大典》引《江州志》凡十八事，據其本文俱可確考為宋本。另有可考為明志者，另行著錄。或有其文年事失考者，亦暫系明志目下。今觀宋修《江州志》佚文，「九江府（文籍）」條「御書」下曰「今上作《新文弊手詔》」，曰「今上御書三清閣牌」，曰「今上《戒諭將帥敕書》」，此三項分別為寶慶三年、淳祐元年、端平元年事，「今上」指宋理宗無疑。同條「誕節放生御書」，記為淳祐九年。又其餘各條稱「本朝」「本朝太平興國」「本朝祥符」「本朝嘉祐」，此類甚多。據此可知，此《江州志》修於宋理宗朝，大約成於寶祐至景定數年之間。又「文籍」條「御書」小序云：「先朝手書賜方國，江郡與有之。建紹俶擾，奎跡罕存，惟高宗以來謨訓具在，昭回飾物，焜輝千古。臣子澄謹以冠諸碑刻之首……」據此可知，本志系子澄修纂。子澄姓氏爵裡無考，理宗朝末年為官江州。又《大典》卷六六九九，十八陽，江，「九江府（祠堂）」條引《九江志》，當係《江州志》之訛。說詳《九江志》考。

九江府志一冊

佚名修纂

修纂的不詳　佚

《永樂大典》卷二二五六，六模，壺提壺；卷二二六七，六模，湖赤湖；卷二二七〇，六模，湖李勃湖；卷二七四一，八灰，崔崔閑；卷六六九七，十八陽，江九江府（碑碣）、（文辭）；

卷七五一四，十八陽，倉廣盈倉；卷九七六五，二十二覃，岩三岩、讀書岩；卷八七八二，十九庚，僧處默若虛、常真行因、緣德道旻、惠洪、修睦匡白；引《九江府志》十四條。

《文淵閣書目》卷四舊志：《九江府志》一冊。

《江西古志考》卷四：《九江府志》按：輯文「九江府（碑碣）」引本志所載《壽聖觀記》，曰「元有天下，嘉惠黎庶，懷柔百神」，「皇元大德乙巳」云云，《九江府志》據錄不改，似非明初人所修。另據「九江府（文辭）」條載李國鳳《國子生李秉昭傳》，述及元惠宗至正十二年事。頗疑是志修於元末，《大典》引作「府志」者，乃即明制附益。

〔明〕九江志

佚名修纂

明初修本　佚

《永樂大典》卷二二六〇，六模，湖彭蠡湖；卷二二七一，六模，湖桑落洲湖、鶴問賽湖、沙池高頭湖；卷七二三七，十八陽，堂尊賢堂；卷八〇九二，十九庚，城九江府城；卷八五二六，十九庚，精黃精；卷六七〇〇，十八陽，江九江府（祠堂）；卷六七〇一，十八陽，江九江府（古跡）：東林禪寺、九迭樓、狄仁傑廟、壽聖觀、靈真觀、狄仁傑生祠、淵明祠；引《九江志》十五條。

《中國古方志考》：《九江志》佚。

《江西古志考》卷四：《九江志》明，佚卷數、撰人。按：《大典》引《九江志》十五條，張氏《大典輯本》得「九江府（古跡）」所引七條，據以著錄作《九江志》，雖未考其撰年，然《中國古方志考》將該志列置淳祐《江州圖經志》之前，則知張氏定之為宋志也。今考《九江志》

輯文，顯非宋人所修，張氏殊誤。即以張氏所輯佚文觀之，屢有稱「宋」、「元」之語，如「狄仁傑生祠（太平興國宮）」條曰：「宋改為太平興國觀」，「宋宣和中改為宮」。又，「（清忠書院）元時邑令王國輔取陶、狄清忠之名」，「（百花亭）前元改為萬戶府」云云。又輯文亦多有稱「府」、「府治」者，如「九江府城」條曰「府城，周圍九里一十三步」。據此，可斷本志為明初修本。唯「九江府（祠堂）」條引稱《九江志》可疑。該條有云「本朝自元豐至嘉熙間」，「本朝呂御史誨未祠之」，乃宋朝人語。宋修《九江志》未聞，有宋《江州志》一種，既已著錄。考《大典》卷六六九九，十八陽，江，「九江府（宮觀）」條載宋《江州志》「祠祀」總序，曰：「若宮觀，若寺院，若庵岩，若神廟，若祠堂，總曰《祠祀志》。」今觀「九江府（祠堂）」條引《九江志》文所述，其內容規制，均與宋《江州志》序列「宮觀」、「寺院」、「庵岩」諸項若合符契，其文當出自宋修《江州志》，蓋《大典》引錄時誤題。該條佚文今仍收於《九江志》目下，特加考識，以正《大典》之訛。

〔明〕江州志

佚名修纂

明初修本　佚

《永樂大典》卷七二三七，十八陽，堂晞賢堂、佚老堂；卷七二四〇，十八陽，堂盡心堂、正心堂、清心堂、正己堂；卷七二四二，十八陽，堂明善堂；卷七七五六，十九庚，形卻粒煉形；卷一〇八七六，六姥，虜錢虜；卷一一〇七七，八賄，髓天鑿腦髓；觜南湖觜；卷一二〇一五，二十有，友孝友（陳早）；卷一八二二四，十八漾，像真君像；卷一九六三七，一屋，目愈目；卷二〇

三一一，二質，疾廢疾；卷六七〇一，十八陽，江九江府（人物）、（名宦）、（耆舊）；卷一三〇七五，一送，洞玉華洞、玉壺洞、潛玉洞；卷一三四五三，二，士非今世士、天下士；引《江州志》二十三條。

《江西古志考》卷四：《江州志》明，佚卷數、撰人。未見著錄。按：輯文「九江府（人物）」條：「呂文德，弟文煥，仕宋歸元」；「呂師說，仕至廣德路總管」；「呂元瑛，吉安路永新州知州」；又，「湖口縣，前代不可考，前元曹平野，謝疊山門人」；又「趙崇鑣，仕元，凡七任縣尹，陽州知州，松江府知府」。此屢稱「元」、「前元」者，均非宋人語，知非宋修本《江州志》，應是明志無疑。又，元江州路，明初改為九江府，此以郡舊稱名志。

〔弘治〕九江府志十四卷

童潮修童潮，字信之，浙江慈溪人，成化二十一年進士，知祁州，弘治初知九江府。

明弘治五年（1492）刻本　未見

光緒《江西通志》藝文略：《九江府志》十四卷弘治初知府童潮修。

《兩浙著述考》：《九江府志》明，慈溪童潮撰。

童潮序於是因政之暇，命儒官搜集五縣志於殘失之遺，而手自校集，刻梓以示於世……協成是事，同寅楊公琰、吳公經也。

楊守祉序（知府童侯）謂予曰：九江入我國朝版籍殆百二十餘年，郡之典籍記志無一之足徵，詎非缺典乎？吾分符其地，搜拾殘餘之中，得志一集，卷凡十四，目凡十，條凡七十……

陸紳跋即於府內空宇，擇吉發凡，提綱挈目，十日而草創，又十日而草成，其卷目有十……

【按】正德《瑞昌縣志》陳珩序：「前弘治壬子，郡守童公修編九江郡志，嘗命屬邑咸以志進匯。」由此可知，童志修於弘治五年壬子。其書之成甚速，「十日而草創，又十日而草成」。又童序，協成此志者楊琰、吳經。楊琰，錢塘人，九江府通判。吳經，九江府推官。

〔嘉靖〕九江府志十六卷

何棐　馮曾修　李汛纂何棐，字甫之，泰興人，進士，太僕寺少卿，江西按察司副使，嘉靖初任九江兵巡道。　　馮曾，河間人，正德九年進士，嘉靖初知九江府。　　李汛，自號鏡山居士，履里不詳。

明嘉靖七年（1528）刻本　存

《千頃堂書目》卷七：何棐《九江郡志》。

光緒《江西通志》藝文略：《九江府志》十六卷嘉靖六年兵備道何棐、知府馮曾修。

《中國地方志聯合目錄》。

李汛跋廣陵篤齋何公以南京太僕寺少卿改江西按察司副使，奉敕飭兵九江。公餘稽古，嘗以舊志遺謬為缺典。郡守東侯漢曰：此某責也。方欲舉行，而有南昌之調。茲馮侯曾繼郡，慨然以此為為政之所先，乃請於公，遣聘幣至鏡山，屬予秉筆終其事焉……馮侯與郡貳姜君輅、節推張君得麟，設宴開局，文士畢集，鄉宦則行人王君汝賓，鄉舉則柳子邦傑、陳子守仁、何子貫、陳子必升、陳子守信，庠彥則劉徵、黃獻、歐陽國光、王用、余文獻、又延莆田逸士葉綸，共分硯席，對讀則儒士羅緯，於凡訛

者正之，遺者補之，略者詳之，不經者刪去之，而又條具而例合之，邑分而郡總之……兩逾月而告成焉……（嘉靖六年仲冬長至日）

【按】是志十六卷，分作八門，曰方輿，曰食貨，曰職官，曰學校，曰選舉，曰人物，曰外志，曰詩文。門各繫以子目，凡若干。此書光緒通志、《聯合目錄》俱錄作嘉靖六年，楊一清序及李跋亦皆署六年，但書中記有七年事（卷五職官志），知其刻工竣事當在七年。天啟郡志陸夢龍序論此志，曰：「何志之謬，為自來所未有。《宦表》列梁元帝，直云『王鐸，湘東人』。桂陽王休範，云『王休範，桂陽人』。元次山曾寓瀼溪，而謂生於瑞昌。王子純以武功顯，而列之《文苑》。皇甫元晏，安定人；謝康樂，陽夏人：而傳之《人物》。二程兄弟侍周茂叔於南安，而綴之《流寓》。胡旦，狀元及第者，渤海人，而合之德安。」

〔天啟〕九江府志二十一卷

陸夢龍修陸夢龍，字君起，會稽人，進士，官九江兵巡道。

明天啟四年（1624）刻本　未見

《千頃堂書目》卷七：陸夢龍《九江府志》二十一卷。

光緒《江西通志》藝文略：《九江府志》二十一卷天啟四年巡道陸夢龍修。

陸夢龍序南州鬱儀家多藏書，富腹笥。質以古事，鬱儀為手較而授之。遍事則稽於眾。及所佚見，鄉先生傳為烈出其所睹記，乃裒焉……起癸亥冬日，越三月，甲子春，志成……鬱儀名謀瑋，為烈名宏祖，翼以有成則德化令蕭上達。

【按】據陸序，此志有纂人朱謀瑋、傅宏祖及德化知縣蕭上

達。謀瑋乃有明宗室。宏祖字為烈，號謙宇，德化人，萬曆選貢，嘗任福州府通判，後志有傳。推官胡宗虞於順治末修郡志，嘗得見陸志，云：「予觀輿地、食貨諸小序，俱英英逼古，即名人選述，亦多所節略，刻於天啟四年，洵稱九江良史。」

〔順治〕九江府志二十二卷

胡宗虞修胡宗虞，號鹿游，武進人，進士，順治十五年任九江府推官。

清順治十八年（1661）刻本　未見

光緒《江西通志》藝文略：《九江府志》二十二卷順治十八年推官胡宗虞修。

《清史稿藝文志》：《九江府志》二十二卷胡宗虞修。

胡宗虞序予以戊戌之秋濫竽九江司理……及征郡志，久事鬱攸，雖欲修輯，其道無由。是歲十一月，即有輯瑞之役，不克暇稽往事，近采遺聞。越明年三月，陛辭南歸，便道還毘陵，搜諸藏笥，得九江舊志數卷，為予兄翼在司榷關時所寄。因攜之任，於退食之暇，間從刪補，字板謬誤，殊不耐觀。予考志之所自，昉於弘治初年，太守童潮命六學儒官纂輯一十四卷。嘉靖六年，廣陵何棐以憲副飭兵九江，續輯十六卷。襄翼在所貽固何志也，踵童之舊，而修飾之功缺焉，是以弗澤於雅也。今年夏五，予將校讎何志，付之剞劂，適潯士柯生以陸公夢龍新志相質，予觀輿地、食貨諸小序，俱英英逼古，即名人著述，亦多所節略，刻於天啟四年，洵稱九江良史。予以名宦合諸職官，兵防附諸建置，獨刪事宜者，以事有宜於昔而不宜於今也……藝文較陸志有加，勒成二十二卷，上之大中丞張公……

【按】康熙府志江殷道序曰：「郡司李蘭陵胡君續修於順治辛丑，而後自甲子以來三十年，一郡五邑之事蹟犁然具備。當其時，宿老操觚，群英匯帙，編摩論次之功顧不勤矣哉。」而黃雲師序則曰：「而胡公近志，其條目諸小序，十九皆屬餘具稿。然紀錄自操，獻征未廣，近跡尤多缺如。無他，局未開而聚議無地，旁求狹且固，而考訂無人也。」

〔康熙〕潯陽蹯醢六卷

文行遠纂文行遠，字樵庵，德化人，康熙間貢生，任新淦縣學教諭。

清康熙十一年（1672）刻本　存

《四庫全書總目》史部地理類存目六：《潯陽蹯醢》六卷國朝文行遠撰。行遠字樵庵，江西德化人，康熙中貢生。是書專志九江一郡故實。首有凡例，自謂讀書時遇郡事隨見隨錄，自經、史、子、集及稗官、野乘、小說之類，靡所不采。首卷分象緯、地輿、書院、祠廟、宮室、邱墓、服食、器用、玩好、草木、鳥獸、蟲魚十二目，次卷分仕宦、吏治、典禮、經費、兵防、盜賊六目，三卷分交遊、器局、方技、孝義、閨閣、忠節、流寓、人物、棲逸九目，四卷分真仙、僧寶二目，五卷分詩文、書畫、典籍、名勝四目，六卷分像教、禪喜、靈異、感應、果報、鬼神六目。其摭拾頗為繁富，而分別門類殊多失當，如既有僧寶，又有禪喜，既有鬼神，又有果報、感應、靈異之類。中所採取，亦未見決擇，蓋有意求多，未免失之龐雜也。

光緒《江西通志》藝文略：《潯陽蹯醢》六卷文行遠撰。

朱士嘉《美國國會圖書館藏中國方志目錄》：《潯陽蹯醢》

六卷清文行遠輯，康熙十一年刻本，六冊，有「師古藏書之印」「家在江南黃葉村」二印。

嚴沆序允言《踰醢》之集，一方之史乘也。沆往侍夫子側，讀所編《傭吹》一集，心樂之，為板刻以行世，雖雜傳偶作，傳人者不在此，然已足傳矣⋯⋯況乎事關史乘，有以發山水之光采，展前人之遺軼，網放失之舊聞，可備輶軒之採擇者乎，故曰此已足傳矣。使天下郡國皆有人如允言，則地志畢舉，固一代之盛事也。允言讀書匡廬山中，所著靖廬詩文諸集，各已成家。漫出餘興，而成《石室庭聞》《潯陽踰醢》二書。《庭聞》一家之文獻，《踰醢》則一國之文獻。展閱品目，無所不備，至吏治、兵防所條載頗悉，中寓經濟，留意獨深，不可僅視為雜撰偶作已也。

〔康熙〕九江府志十八卷

江殷道修　張秉鉉等纂江殷道，字九同，號念鞠，湖廣漢陽人，順治十五年進士，康熙九年知九江府。　　張秉鉉，字子戚，一字歉齋，德化人，康熙九年進士，授直隸永年知縣。

清康熙十二年（1613）刻本　存

光緒《江西通志》藝文略：《九江府志》十八卷康熙十二年知府江殷道修。

《中國地方志聯合目錄》。

江殷道序賴鄉大夫文燈岩、黃雷岸兩先生，海內推為靈光文獻⋯⋯遂與張子子戚諸子載筆纂修⋯⋯閱兩月而志成，凡十八卷⋯⋯（康熙十二年元日）

【按】江序記有文、黃二先生者，修志職名列之為「評定」。文德翼，字用昭，一字鎧岩，德化人，崇禎七年進士，官至吏部

員外郎。黃雲師，字非雲，一字雷岸，德化人，崇禎十三年進士，歷官大理寺少卿。是志列目二十九，不設綱以為統轄，其目為建置、星野、鄉坊、山川、橋樑、風俗、城池、兵防、戶口、田賦、物產、職官、公署、學校、書院、選舉、祠祀、丘墓、古跡、寺觀、名宦、人物、孝烈、仙釋、隱逸、流寓、方伎、詩、藝文。《續修四庫全書提要》評曰：其書「分類極瑣，且有未備，而其所載又皆不注出典。即以兵防而論，如明太祖親征陳友諒圍攻江州，正德時宸濠之畔進攻九江，皆見諸正史者，宜皆總合各書詳為紀載，而此志皆僅寥寥數語，不云所據。又關津橋樑，所記屬德化縣者，有云在城某方某門外，有云在府城某方或某門外之別。按德化為九江首縣，縣、府本為一城，紀載理宜一致，若有城與府城之別，則是縣、府非共一城，因一字之微，事實竟淆亂矣。卷首凡例，率皆無關宏旨，在清初志書中，類多如此，不能過責也」。

〔嘉慶〕九江府志三十卷首一卷

朱棨修　曹芸緗纂朱棨，號勳楣，廣西臨桂人，嘉慶十三年進士，翰林院編修，嘉慶二十一年知九江府。　曹芸緗，字謙六，號心香，湖口人，嘉慶十年進士，翰林院庶起士改授湖南石門知縣，調知衡陽縣。

清嘉慶二十三年（1818）刻本　存

光緒《江西通志》藝文略：《九江府志》三十卷嘉慶二十三年知府朱棨修。

《中國地方志聯合目錄》。

朱棨序予於嘉慶丙子秋自瓊州守量移是邦，下車詢賢士大夫，郡縣之本末，山川奇異，風俗所由，多未能悉舉，舊志又漫漶磨滅不可讀，於是慨然為士大夫倡，設局重修，勒為新志……於丁丑三月開局，閱明年，書成，凡三十卷。自康熙癸丑至今一百四十餘年中軼事悉續載之，其有年遠不可考者仍從闕疑之例，而舊志體例間有未協，復參酌更正，折衷一是……（嘉慶二十三年七月）

【按】是志卷首載分巡廣饒南九道任蘭祐、知府朱棨、郡人李鴻賓三序，又原序十篇、繪圖、修志姓氏、凡例及目錄。志文列為方輿、建置、學校、職官、宦跡、選舉、典禮、食貨、人物、孝義、別傳、列女、藝文、紀事十四門，門各繫子目若干。書末綴以採訪勸捐姓氏及曹芸緗跋、柯翹跋。《聯合目錄》作「朱棨、朱浩」修，按諸本志《修志姓氏》，「總裁」為朱棨及署知府朱浩、特授知府馬寧，今浩、寧並略。

〔同治〕九江府志五十四卷首一卷末一卷

達春布修　黃鳳樓　歐陽燾纂達春布，號進修，鑲黃旗滿洲官學生同治十年知九江府。　　黃鳳樓，號五雲，德化人，道光十二年進士，任安徽繁昌知縣。　　歐陽燾，號九雲，彭澤人，同治二年進士，署山西沁水知縣。

清同治十三年（1874）刻本　存

朱士嘉《美國國會圖書館藏中國方志目錄》。

《中國地方志聯合目錄》。

達春布序江右行省劉大中丞屢牒十四府州，各搜舊乘，舉新知，以效神謀草創之用。余適來守是邦，奉檄開局，因得泛覽一郡掌故……是編

經始於壬申孟冬，告成於癸酉季冬，列綱十，附目五十四……（同治十二年季冬）

【按】是志乃奉檄修纂，同治十一年孟冬開局，十二年季冬定稿，十三年梓行。書凡五十四卷，又首末各一卷，體例一依省志，其凡例曰：「省志局《通行條例》，凡十綱五十四目，與潯郡戊寅（嘉慶二十三年）舊志頗不相符。今舊志有而新目中所無者，悉依綱附載舊文，續編亦各從其類，遵新式仍可考舊章也。」其十綱為地理、建置、食貨、學校、武備、職官、選舉、人物、藝文、雜類。《續四庫全書提要》曰：「其書門類完備，記載亦詳，且無繁蕪之弊，如地理志之山川，非高山大川，寺觀非叢林古，與夫水利之未登課額，津梁之不達通衢者，皆從簡略。職官志各縣止載縣尹及兩學，其巡檢、典史、城守、把總、外委，無官於郡城者，皆詳於縣志，郡志亦不錄。文徵分文、賦、詩諸目，必有關於此郡山川風俗、利弊因革者，然後載入。如匡廬為數郡鎮山，題詠最夥，而九江止轄匡北，其泛寫匡南及泛寫廬山者，皆從而刪之。惟藝文志，書目分經、史、子、集、別，固無可議，但人物傳中有已言及著述者藝文即不覆載，必有著述而不立傳者始行收入，以致欲求郡之著述，復有遍尋列傳之勞，殊不若互見為得也。」

德化縣記

佚名修纂

修纂年不詳　佚

《太平寰宇記》卷一一一，江州，德安縣石鼓山，引《德化

縣記》一條。

《中國古方志考》。

《江西古志考》卷四：《德化縣記》佚卷數、撰人。按：五代南唐改潯陽縣為德化縣，此志名「德化縣記」，當修於南唐至宋初二三十年間。

江州縣志

佚名修纂

修纂年不詳　佚

《永樂大典》卷六七○一，十八陽，江九江府（古跡）（《九江志》，蘇子由詩注），引《江州縣志》一條。

《中國古方志考》：《（德化）縣志》佚。

《江西古志考》卷四：《江州縣志》佚卷數、撰人。按：張國淦氏曰：「江州附郭德化縣，當是《德化縣志》。」故《中國古方志考》錄作《（德化）縣志》，今依《大典》原題錄之。

〔康熙〕德化縣志

寧維邦修寧維邦，字新周，鑲藍旗漢軍筆帖式，康熙二十年知德化縣事，歷官鎮江通判。

清康熙二十二年（1683）修本　闕

《中國地方志聯合目錄》。

【按】是志今存抄本七冊，第一冊職官、府署、縣署，第二冊選舉、祠祀、丘墓、古跡、寺觀、名宦，第三冊至第七冊藝文。

〔乾隆〕德化縣志[1] 十六卷

　　高植修　何登棟等纂高植，字槐堂，浙江武康人，乾隆二年進士，十六年來知德化縣事，升松江府同知。　　何登棟，邑人，雍正七年舉人，任河南淮寧、甘肅徽縣、山東霑化等縣知縣，署曹州府桃源同知。

　　清乾隆二十年（1755）刻本　未見

　　光緒《江西通志》藝文略：《德化縣志》十六卷乾隆二十年知縣高植修。

　　高植序歲癸酉，漁山董郡伯方下車，考志於府而病之，詢志於化而更憂之，蓋府志數十年未增修，化則更自古未有志也。會紳士於明倫堂，商所以訂是書者，先邑志而後及於府，以總其成。化於是乎議專志而謀創始，經始於甲戌之初夏，迄今春之季，週一歲而後先竣焉……（乾隆二十年夏六月中浣）

　　【按】是志今未見，僅知府董榕序、知縣高植序存後志中。有乾隆四十五年知縣沈錫三增輯本今存，其體例仍高志之舊，可據以知高志綱目類例。沈志卷九名宦有高植傳，曰：「（植）書未成而遷秩，新令已受代，植因士民請緩行而竣志事，不以去任易其初心。至其編纂，嚴簡無假借之失，漁山董公稱其不遺不濫，得史氏法。迄今踵而續修，猶循其體例，未敢或逾焉。」

〔乾隆〕德化縣志[2] 十六卷

　　沈錫三修　羅為孝等纂沈錫三，浙江德清人，乾隆四十年知德化縣。　　羅為孝，邑人，乾隆四十三年進士，任湖南新田知縣。

　　清乾隆四十五年（1780）刻本　存

　　光緒《江西通志》藝文略：《續輯德化縣志》乾隆二十年知縣

沈錫三修。

《中國地方志聯合目錄》。

沈錫三跋乾隆甲戌、乙亥間，升縣槐堂高公始創輯之，化於是乎有志。當書未成時，高公已遷秩松江郡丞，以士民請緩行程而竣志事，孜孜不懈，其所紀載皆典核精詳，編纂嚴簡，不濫不遺，俾後之蒞斯土者得所考據，洵滋治之要典也。然距今二十餘年未經續修，適己亥庚子冬春間，奉飭將郡邑各志中有違礙字句及應禁人詩文事實名目悉行校勘芟除刊改，已遵照查校，呈送省局核定。而府志未修已百餘年，應行更正纂補之處尤多，升任郡憲伍公稟請重修，詳允興舉。化邑紳士咸謂：欲修府志必先縣乘，宜乘此改刊，將比年以來應行增益之人物事蹟悉加纂入，不特邑志完善，且可以資將來府志之考訂，公請自為設局續修。余深韙之，為之轉請。允行。不數月而告竣，其體例悉仍舊式，應增者各以類附，應芟者均遵館臣勘定，不稍假借草率，庶幾可備他日輶軒之采矣。工竣，會余以量移盱江，諸紳士咸以為與高公後先輝映，宜有以記之……

【按】茲志始末，沈跋記之甚悉，光緒《通志》作二十年修，顯誤。志凡十六卷，卷次體例悉仍高志舊式，卷一沿革表、秩官表，卷二選舉表，卷三方輿志，卷四建置志，卷五食貨志，卷六學校志，卷七典禮志，卷八藝文志，卷九至十一列傳，卷十二文錄、詩錄，卷十三、十四古跡記，卷十五古事記、雜記，卷十六別記。《稀見地方志提要》謂此志「綱目混淆，復出重遝，非體裁之佳者」。《續修四庫全書提要》評曰：「分門頗亂，且無學宮、驛鹽、金石諸目。考其卷十五之古事記，歷記累朝波譎雲詭、虎踞龍興變遷之跡，蓋為專記兵事者，而以古事名之，是命名之範圍頗廣，紀載之範圍頗狹也。藝文列諸列傳之前，致與文

錄、詩錄相隔絕；卷一有秩官表，而無名宦：皆不能以類相從，殊為非是。藝文所列書目，間或錄其原序，以見大凡，在乾隆朝之志書中尚不多覯。其卷首目錄，間附注語。如於詩錄下注云：各體文字已載各志，無專屬者總錄於此。又其典禮志附有邱墓一目，雜記中亦有邱墓一目，而於典禮志之邱墓注云：此在祀典者；於雜記之邱墓注云：此在祀之外者。其注堪與凡例相輔而行，且書於各目之下，較讀凡例尚覺了然，亦目錄中之別開生面，足為後世楷模者。」

〔同治〕德化縣志五十四卷首一卷

陳鼐修　吳彬等纂陳鼐，四川蓬溪人，以勞績保舉，同治八年調任德化知縣。　　吳彬，宜黃人，道光十五年舉人，咸、同間任德化縣學教諭。

清同治十一年（1872）刻本　存

《清史稿藝文志補編》。

《中國地方志聯合目錄》。

陳鼐序欲折衷志乘，適奉峴莊中丞檄，飭搜羅以廣通志。爰訂邑之諸君子以圖之⋯⋯於同治壬申歲剞劂成⋯⋯

【按】據本志凡例，是書始於辛未（同治十年）二月，成於壬申（十一年）十二月。其體例悉奉省頒條例，與前志略殊：山川、人物、古跡及藝文各類另標款目，事仍其舊，式更其新；前志「古事」，歷記累朝波譎雲詭，虎踞龍興，變遷不一，今遵式概編入「武事」，以見人心時事，後先一轍，歷考而得其大要；前志無驛鹽、學宮、金石款目，今遵式另行編列，應補者依類采

輯；方輿易為地理，典禮易為壇廟，名循易為名宦，篤行易為善士，雜記易為雜類，道學易為理學，說部易為別部，兵防易為兵制，邦賢、武功統歸名臣、宦業，文、詩兩錄並匯文徵，目雖異而實則同。此志列為十門，為地理、建置、食貨、學校、武備、職官、選舉、人物、藝文、雜類。《續修四庫全書提要》曰：此志所續輯，「以錄自《府志》者為最多，而於沿革尤甚。其書成於同治十一年，而其選舉志，仕籍則僅續至咸豐，封贈則僅續至嘉慶，例貢則僅續至道光，同治朝皆置不問，殊失續修本意矣」。又此書各卷卷題下署曰「知德化縣事高植原輯，沈錫三補輯，鄒文炳再輯，陳鼎續輯」。鄒文柄，江蘇金匱人，嘉慶十七年來知德化縣。嘉慶二十一年，知府朱棨修府志，德化為郡之首邑，邑令鄒文炳乃博采兼收，至戊寅（二十三）年竣事。鄒書乃附府志而行，不宜專錄，謹附記於此。

〔民國〕德化備志

　　李盛鐸纂李盛鐸，號木齋，邑人，光緒間進士，授翰林院編修，任京師大學堂總辦、中華民國大總統顧問、參議院議長。

　　民國間稿本　存

　　【按】此書記事下迄民國十七年，收錄舊志遺闕及同治志之後之相關資料，大抵隨手為錄，不繫綱目，殊無志體，然其旨亦以備後修志乘者考稽，故名曰《備志》。

▶ 瑞昌

　　瑞昌舊乘之可考者，茲輯得十一種。以《永樂大典》所引《瑞昌志》最早，然其纂年無以考詳。明志六種，今僅存隆慶劉儲所修本。清志四種，俱存。五種明修佚志中，弘治、正德、萬曆及嘉靖駱志皆未見諸著錄。

　　瑞昌置縣於南唐升元三年，屬江州。宋屬江州潯陽郡。元隸江州路。明、清屬九江府。

瑞昌志

佚名修纂

修纂年不詳　佚

　　《永樂大典》卷二二七一，六模，湖下巢湖；卷七二三六，十八陽，堂二賢堂；引《瑞昌志》二條。

　　《江西古志考》卷四：《瑞昌志》佚卷數、撰人。未見著錄。按：明人劉儲序隆慶《瑞昌縣志》曰：「（瑞昌）舊志修於正德丙子，歲久散逸磨滅，莫可考證。嘉靖乙丑，知縣駱秉韶慨焉，延鄉官陳君良顯、監生曹子一中讎校，已而移官，未就。」隆慶初，劉儲屬博士謝顧取舊草編輯刪訂，四年，厥志乃成。謝氏《後序》曰：「志毀於兵燹，厥來久矣。弘治壬子，大尹潘公、司訓曹公編焉，而未備。正德甲戌，大尹三山黃公、鄉進士蕭庵陳公纂焉，而未詳。」又《千頃堂書目》卷七錄瑞昌邑乘，亦以明嘉靖間朱紳修本為早出。今輯《大典》引《瑞昌志》佚文二條，實為以上諸家所未聞見者，該志早於《永樂大典》修編成書。

〔弘治〕瑞昌縣志

潘曰厚修潘曰厚，字克載，浙江余杭人，監生，成化二十三年來任瑞昌知縣。

明弘治五年（1492）刻本　佚

【按】未見著錄。正德《瑞昌縣志》陳珩序曰：「前弘治壬子，郡守童公修編九江郡志，嘗命屬邑咸以志進匯，時邑侯浙杭潘君延儒搜籍，翻刻以應，且傳矣。第以嚴速成書，未免滲漏亥豕之失。逾廿餘年，乃並其板刻散亡無幾，是蓋將終為我邑之缺典也。」黃源大序曰：「弘治壬子，大尹潘公克載偕儒學司訓曹公光世已嘗修之。」弘治《九江府志》陸紳後序：「予友九江太守童侯命一府五邑儒官纂五邑之志為郡志，既成卷矣，遣使聘紳校正。」據陸序，知弘治九江知府童潮嘗命五屬邑纂輯邑志，唯此瑞昌邑志可考知已修葺成書，且已板刻傳世，其餘各邑亦當有志，然未見記載，故不錄。

〔正德〕瑞昌縣志

黃源大修　陳邦儀等纂黃源大，字子通，福建閩縣舉人，授浙江寧海教諭，遷湖廣襄陽府教授，正德二年知瑞昌縣。　　陳邦儀，字嘉範，號元卿，邑人，弘治十七年舉人，任湖南宜章知縣。

明正德十一年（1516）修本　佚

黃源大序瑞昌縣志舊缺錄。弘治壬子，大尹潘公克載偕儒學司訓曹公光世已嘗修之。然其間尚有遺漏失次，況歷歲已久，事多未續。余正德丁卯忝宰是邑……至甲戌春方舉其事，復以六載考績而輟焉。茲將九秩……乃延邑之鄉進士陳君元卿、學之廣文謝君邦直重為之編輯校正……

書成，欲繡梓以傳，已有德夫陳先生序諸簡首矣，余復書此以識歲月……（正德十一年秋八月）

【按】此志未見著錄，今僅有黃源大、陳珩（陳邦儀父，字德夫）二序存隆慶縣志卷七藝文中，述此志始末甚詳，茲不復贅。又黃、陳二序俱稱纂人有司訓謝邦直，按諸後志，正德間有訓導謝廷侃者，福建長樂監生，不知即其人否，不敢妄斷，記之以存疑。

〔嘉靖〕瑞昌縣志[1]

朱綽修

明嘉靖間修本　佚

《千頃堂書目》卷七：朱綽《瑞昌縣志》嘉靖間修。

【按】此志僅見錄於《千頃堂書目》，而《明史藝文志》不載。《千頃堂書目》云嘉靖間修，其詳年無考，朱綽籍里事蹟亦不詳。邑嘉靖末又有駱《志》稿，與此志似非一志，今另行著錄。

〔嘉靖〕瑞昌縣志[2]

駱秉韶修　陳良顯　曹一中等纂 駱秉韶，浙江臨安舉人，嘉靖間知瑞昌縣事。　陳良顯，邑人，嘉靖十年舉人，任光山知縣。　曹一中，邑人，府學歲貢，官潛山縣主簿。

明嘉靖四十四年（1565）稿本　佚

【按】隆慶邑志謝顧序：「嘉靖乙丑，世遠言湮，殘缺失次，大尹一溪駱公政通之暇，禮教諭曉江蔣公、鄉官桃源陳公、貢士

金墩曹公、二南潘公、生員蕭子鳳儀等，旁搜博采，考核唯嚴。將梓焉，以遷秩中輟。」劉儲序曰：「嘉靖乙丑，知縣駱秉韶慨焉，延鄉官陳君良顯、監生曹子一中讎校，已而移官未就。」謝顧等纂隆慶志，嘗取其舊草編輯。據以上二序知駱志已成稿「將梓焉」。稱「未就」者，蓋未梓行也，宜錄之。陳、曹二氏又與修隆慶志，分任「彙編」「分輯」。

〔隆慶〕瑞昌縣志八卷

劉儲修　謝顧等纂劉儲，興國州舉人，隆慶元年知瑞昌縣事。　謝顧，祁門貢生，嘉靖四十五年任瑞昌縣學教諭。

明隆慶四年（1570）刻本　存

光緒《江西通志》藝文略：《瑞昌縣志》八卷《天一閣書目》，知縣劉儲修。

《中國地方志聯合目錄》。

謝顧序丁卯，鳳裡劉公蒞任，留心訓典，必欲顧成之……顧乃不自揣，取一溪、桃源諸公舊稿，與劉公夏生之時革翻閱商正，綱提目舉，釐為八卷，志輿地以析疆域，志建置以陳藝極，志賦役以重民事，志職官以彰治業，志學校以崇教，志秩祀以重典，志人物以章鑒，志藝文以昭獻，志雜紀以備遺。校讎數月，幸完斯編，遂捐貲繡梓。適大尹中台江公釋騄，首即索覽邑乘，顧請序諸端。中台遂續校序之……（隆慶戊辰仲冬）

【按】此志有知府汪如海、知縣劉儲、知縣江一鵬序及謝顧後序，汪序作於隆慶四年春三月，此當為其書刻成之時。是志始事於隆慶元年，知縣劉儲命謝顧等取駱志舊稿重加編葺，數月而成，捐貲付梓。適劉儲遷去，新知縣江一鵬接篆就任，茲志已登

梓就訖矣。江氏遂續校序之，至四年方工竣，知府汪如海乃序諸簡端。志凡八卷，區為九類，小目六十有三。

〔萬曆〕瑞昌縣志

陳詔修陳詔，興寧（一作興化）人，舉人，萬曆間知瑞昌縣。

明萬曆間刻本　佚

葉向高序瑞故有志，殘缺已久，故實莫稽。今令東粵陳君乃大加纂輯，釐其舛錯，增其未備，凡封疆、物產、習俗、人文、宦遊之跡、流寓之賢，靡不畢載，蓋亦犁然為一邑之巨乘矣。梓成，寄以示余……

【按】未見著錄。此志康熙年修邑志時尚存，康熙志凡例曰：「瑞經兵燹，舊志無存，僅得粵東陳詔一志」。其書今佚，僅存大學士葉向高序文一篇。葉向高，字進卿，福清人，萬曆十一年進士，授庶起士，進編修，二十六年召為左庶子，充皇長子侍班官，三十五年擢禮部尚書，兼東閣大學士，天啟七年卒，年六十有九，諡文忠。向高父朝榮，萬曆初嘗官九江府通判，署瑞昌縣事。葉序曰：「先大夫常言：江州在天造時為偽漢所竊據，其民日尋於干戈，今太平休養為日久矣，而四輪之區困備彌甚，惟瑞介在一宇間，差有寧宇，乃與楚接壤，犬牙相錯，奸宄時滋，此亦守土者之憂也。余小子聞而識之。頃備員綸扉，見楚江二中丞交章言此，請與興、瑞之間設郡司馬以鎮壓其地，上報可。」曰「備員綸扉」，當在萬曆二十六年任左庶子之後。又設郡司馬以彈壓興、瑞間，事亦在萬曆末。由此可推略此志成書約在萬曆季年。

〔康熙〕瑞昌縣志八卷

江皋修江皋，字在湄，一字磊齊，桐城人，順治十八年進士，康熙五年知瑞昌縣，升本郡同知，歷官四川提學、興泉副使。

清康熙十二年（1673）刻本　存

光緒《江西通志》藝文略：《瑞昌縣志》康熙十二年知縣江皋修。

《中國地方志聯合目錄》。

江皋序會今天子詔修志，以昭一統，郡縣咸奉命趨事……因是廣為搜輯，與其邑之耆碩，博采傳聞，載稽編簡，沿舊增新，黜浮補漏，用成一書，其所載山川人物，秀絕魁奇，未嘗不可備職方而傳史冊……（康熙十二年）

【按】《聯合目錄》錄本志江皋修、周士俊等纂，據本志修志姓氏，總裁為知縣江皋，協理為縣訓導張濟美，評定為邑紳文德翼、舉人余鐘英、李尚清等五人，校閱為拔貢何大良等四人，編纂為生員周士俊等四十五人。本志八卷，卷一建置、星野、山川、風俗、城池，卷二兵防、戶口、田賦、職官、公署，卷三學校、選舉、祠祀、古跡，卷四名宦、人物、節孝、流寓、仙釋，卷五至卷八為敕、疏、序、文、記、傳、雜著、詩。

〔雍正〕瑞昌縣志八卷

郝之芳修　章國錄等纂郝之芳，山西汾陽人，歲貢，康熙四十九年來任瑞昌知縣。　章國錄，字令思，邑人，雍正二年進士，授廣東吳川廣寧知縣，著有《梅韻樓詩稿》等。

清雍正四年（1726）刻本　存

光緒《江西通志》藝文略：《瑞昌縣志》_{雍正四年知縣郝之芳}修。

《中國地方志聯合目錄》。

章國錄序_{先是，康熙五十八年，已奉大中丞白公檄修全省通志，我侯集群英於梵宇，博采而約收之，余小子忝植狄門，亦分編纂之末業，已具稿上陳。今年春，復合前志裁定，匯為一書，捐俸付剞劂氏……（雍正四年仲夏月）}

【按】據章序，康熙五十八年，奉巡撫白潢檄，邑有修志之舉，已具稿上陳。至雍正四年春，乃取其稿合前志裁定之，匯為一書。朱士嘉《美國國會圖書館藏中國方志目錄》及《聯合目錄》俱以本志為郝之芳修、萬定思纂，本志姓氏亦列萬氏為諸修纂人之一。但據章序，章氏康熙末已入志局，修志姓氏列為「論定」者，又後志儒林傳記章氏「邑令郝之芳聘修邑志，考訂詳核」，故宜專錄章氏於纂人，萬定思等可略而勿論。本志卷次類目與江志略同，唯卷五至卷八大其類曰藝文，其下小類稍有增損。乾隆志董榕序曰：「郝志尚多缺略，兼紀年甲子有失檢之處，尤宜亟正。」蔣有道序曰：「雍正丙午，郝令之芳蓋嘗修之，亦只踵事加增。予始來，即索覽之，見夫軍衛、保甲、典禮、藝文、方技、氏族、軼事諸志，既多闕略。人物一志如某某忠義、某某孝友之類，未經分晰，無以興人觀感之思。至編孝子於列女，尤其失之大者。他如風俗志之嘯聚、獷悍數條，皆因而不益，夫風俗隨治化為轉移……倘仍前明舊語而不系之實錄，異日何以采之輶軒，上諸史館哉。」

〔乾隆〕瑞昌縣志二十二卷

蔣有道修　聶師煥等纂蔣有道，字庚颺，號訥庵，浦江籍奉天鑲紅旗人，乾隆元年舉人，十八年知瑞昌縣。　聶師煥，字堯章，號齋，邑人，乾隆十八年舉人。

清乾隆二十年（1755）刻本　存

光緒《江西通志》藝文略：《瑞昌縣志》十一卷乾隆二十年知縣蔣有道修。

《中國地方志聯合目錄》。

聶師煥跋邑之薦紳耆宿，相與搜遺篋，訪逸獻，網羅舊聞，采綴近事。至於綜核維嚴，登黜不假，句梳字櫛，以附於篇，則我侯親歷寒暑，未嘗少遺餘力。蓋取舊志二十餘類，規所已然，增所未備，凡為圖者八，為表者三，志之類六，列傳之類十，錄之類二，而記之類有四，括之以六門，析之則大目三十有三，細目五十有二，其征事務博而實，敘文務簡而核。計三易稿，歲一周天而工始竣……我侯與學博親視其事而任其勞焉，煥固無庸一得之效也，惟偕潘子延燭、何子鈺筆分門輯事，稍盡萬一……

【按】是志之門目，聶跋具述其略，不必贅舉，比較前之江、郝諸志，則煥然一新，犁然有序，同治邑志姚暹序曰「惟乾隆二十年邑令蔣有道所修最為完善」，《名宦傳》曰「（蔣有道）乾隆二十年修縣志，規條凡例，盡出心裁，條分縷晰，重輯者咸奉為圭臬」，良有以也。姚序又曰：「然而有太簡者，如村鎮由何處至何處，未載道里，若干之類是也；有太泛者，如風俗門所載，並非瑞昌一邑風俗之類是也；有宜更正者，如大橋保實屬清一，誤載歸一之類是也；有宜變通者，如名宦舊編列傳，今附紀職官這類是也；有全遺漏而宜補載者，如前明梁邑令創修土堤並

顧問一記，以及人物等門多缺佚之類是也。至唐元次山政績學術彪炳千古，其就居瀼溪，《廣輿記》明載有瑞昌字諭鄰詩兩章，尤確然可證，乃竟以次山來居瀼濱，難以臆度，又何以采入流寓耶？」

〔同治〕瑞昌縣志十卷首一卷

姚暹修　馮士傑等纂姚暹，號智泉，湖南湘陰進士，同治九年來任瑞昌知縣。　馮士傑，號秋嵐，邑人，道光二十九年舉人。

清同治十年（1871）刻本　存

民國四年（1915）補版重印本　存

《中國地方志聯合目錄》。

姚暹序大中丞峴莊劉公⋯⋯以志乘為吏治民生之要，飭各郡邑設局續修。暹以九年春來守斯土，敬捧憲檄⋯⋯遂就試院開局，⋯⋯閱期年而稿脫矣⋯⋯是役也，暹聽斷之暇，與同局諸君，上承憲示，下采輿情，於舊志缺者補之，訛者正之，未確者必詳考，已錄者不覆載，起自乾隆二十年蔣君續修以後，至同治九年止，遵例分門有十，為目五十有四，越百餘年未修之典，燦然畢陳⋯⋯（同治十年孟秋月）

童光旭序乙卯春，光旭來守是邦。下車伊始，搜覽邑乘，散佚不能成帙。集紳籌議，時逾半載，始經旁購廣搜，窺獲全豹。蓋自同治十年先賢邑宰姚公續修後，距今四十餘年矣，中更兵燹，版權弛職，剝蝕散亂⋯⋯緣為撮拾原刻，糾合零亂，趕付手民，增益補刊，印刷多部，鎸版存署，專人典守⋯⋯（民國四年秋）

【按】是志修成於同治十年，至民國初，已歷四十餘載，版片剝蝕散亂，求其全帙且不易得。四川舉人童光旭，民國四年來

知縣事，乃撮拾原刻，其板片遺佚者據舊式重為雕刻，印刷多部，其板則委諸專人典守。民國四年本較原刻僅增童序一篇於卷首，內容則無所損益。是書凡例曰「瑞昌舊志明以前經燹不存。國朝邑令江公、郝公、蔣公相繼輯修，體例各別。今遵劉大中丞頒示續修通志新例，仿史家八書十志，以綱屬目，分門十，目五十有四，參之舊志，或彼此合為一目，或一目分為數目，庶與通志協一。」其十門為地理、建置、食貨、學校、武備、職官、選舉、人物、藝文、雜類。《續修四庫全書提要》舉其武備志之武事、建置志之氏族、食貨志之戶口及田賦諸目為例，謂「其簡略未免過甚；惟學校志所繪各圖，可資考見當日概況，最為可取」。

▶ 彭澤

　　彭澤為邑歷時悠遠，然其邑乘之可考者，僅以明初修本為最早，前此則湮沒無聞矣。明成化、弘治、萬曆又三修之，唯萬曆志存其殘帙。清有康熙、乾隆、嘉慶、同治修本，俱存；光緒初又有《縣志補遺》一種，書雖僅一卷，其亦不宜遺錄。民國間，邑學者汪辟疆撰《縣志長編》，今未見。

　　彭澤置縣於漢，屬豫章郡。晉屬尋陽郡。蕭梁時屬太原僑郡。隋初屬江州，後隸九江郡。唐、宋屬江州。元屬江州路。明、清屬九江府。

〔明〕彭澤志

　　佚名修纂

明初修本　佚

《永樂大典》卷二二七一，六模，湖仰天池湖，引《彭澤志》一條。

《文淵各書目》卷四新志：《彭澤縣志》。

《江西古志考》卷四：《彭澤志》明，佚卷數、撰人。按：彭澤漢已置縣，歷時悠遠，然邑典放佚，漫不可考。今見著錄者，以《文淵閣書目》新志所錄之《彭澤縣志》最早，乃明初修本。其後成化淩杞有縣志一種。茲輯《大典》引《彭澤志》一條，撰年、撰人概不詳，疑即《文淵閣書目》新志所錄者，姑並錄於此。

【按】《文淵閣書目》成書於正統六年，所錄「新志」，多明初洪武、永樂兩朝所修。《永樂大典》成書於永樂初年，所引明志，大率不出洪武年。若二書所引錄者為一志，其成書約在洪武朝，今無以確斷，姑以明初志錄之。

〔成化〕彭澤縣志

淩杞修淩杞，字尚忠，蘇州常熟人，成化間以舉人任彭澤知縣。

明成化二十一年（1485）刻本　佚

光緒《江西通志》藝文略：《彭澤縣志》成化二十一年知縣淩杞修。

曾彥序姑蘇淩侯杞以雄才碩學來令彭澤三年，政通人和，暇以邑志弗完，孜孜考索以補之，燦然成書，俾此邑故實，百里而遠，百世而廣，可一目盡，侯亦可謂善用心者矣……（成化二十一年中秋）

〔弘治〕彭澤縣志

王琦修　陶堅纂王琦，湘潭人，弘治十七年知彭澤縣。　　陶堅，邑人，弘治十二年貢生，官廣東瓊州府通判。

明弘治十七年（1504）刻本　佚

光緒《江西通志》藝文略：《彭澤縣志》弘治十九年知縣王琦修。

王琦序前令凌君雖編輯鋟梓，亦已久矣，往者不能無略，來者不能無遺。余自抵任來，欲重錄而修葺之，事冗未克。近得太學友是邑陶堅，待選於家，遂相與詢故訪舊，補略拾遺，以公去取，斯為全書，用壽諸梓，庶咸有所考證焉……（弘治甲子九月九日）

【按】是志久佚，有王序存後志中。作序時日，萬曆葉志、康熙王志俱署之為「弘治甲子」（十七年），嘉慶志以下則題作「弘治十九年」，光緒通志錄作十九年，蓋沿嘉慶等志之誤，今依萬曆志作十七年。

〔萬曆〕彭澤縣志九卷

葉朝榮修　戴震亨纂葉朝榮，福清人，九江府通判，萬曆七年、九年、十年三署彭澤知縣。　　戴震亨，浙江建德人，舉人，萬曆間任彭澤縣學教諭。

明萬曆十年（1582）刻本　闕

光緒《江西通志》藝文略：《彭澤縣志》萬曆十年署知縣葉朝榮修。

《中國地方志聯合目錄》。

葉朝榮序余己卯歲署彭澤……因索志稽故實，莫能得，緣邑舍遭回

祿之變,志並煨盡。隨博訪故老,得殘簡觀之,久廢弗續,自弘治而下,文獻莫考,斷爐餘舊刻無傳,余甚憫焉,慨然欲修之,莫有與者⋯⋯辛巳,復署邑事,得學博戴公震亨,有史才,遂具幣請司其事,仍白本府戴公鳳翔可之。方具筆札,倣戴未具,余又捍新尹去矣,諄諄託之,弗遂。越五旬,壬午春正月,尹忽弗祿,余又奉命來攝,⋯⋯遂與二公上下議論,續次其事,損益舊文,潤色之,二月告成,捐俸鋟梓,公私無所費⋯⋯(萬曆壬午春二月望日)

【按】此志今僅存殘帙,北圖藏本缺五、六兩卷。臺灣成文出版社影印本亦缺此二卷,其所據本是否藏於臺灣,未可知詳。是志分十門,五十二目,其十門為輿地、食貨、建設、風俗、秩官、選舉、恩命、人物、外志、藝文。

〔康熙〕彭澤縣志十四卷首一卷

王廷藩修　何圖書等纂　王廷藩,江南六安州人,舉人,康熙中知彭澤縣事。　何圖書,字學傳,邑人,歲貢生,任鉛山縣訓導。

清康熙二十二年(1683)刻本　存

光緒《江西通志》藝文略:《彭澤縣志》康熙二十二年知縣王廷藩修。

《中國地方志聯合目錄》。

王廷藩序彭邑前此嘗有志矣,在明萬曆壬午,距今百有餘年,其間迭遭焚劂,鏤板既爐,陳跡亦湮,窮搜密購,乃獲一帙,以為張本⋯⋯懍章程而兢兢采輯,辭休臥而汲汲纂修,具有成書,用告不敏⋯⋯(康熙二十二年重陽)

〔乾隆〕彭澤縣志十六卷

　　吳會川　何炳奎修　何顯等纂 吳會川，廣東嘉應州舉人，乾隆二十年署彭澤知縣。　　何炳奎，江蘇吳縣人，舉人，乾隆二十一年知彭澤縣。　　何顯，邑人，乾隆十六年進士。

　　清乾隆二十一年（1756）刻本　存

　　光緒《江西通志》藝文略：《彭澤縣志》乾隆二十一年署知縣吳會川修。

　　《中國地方志聯合目錄》。

　　董榕序 余以謭陋，忝守潯陽，仰承各大憲教令，下諸五邑，德化、瑞昌諸志以次報竣。時攝彭篆梅川吳君毅然有作，諮委邑紳士設局。新調令平江何君繼至，虛懷敬事，參互考定……自乙亥孟冬，迄丙子季夏，凡九閱月而新志告成，其義例則照余所擬式，而採擇編摩，各極詳慎……（乾隆二十一年孟秋）

　　【按】是書正文前有知府董榕序、知縣吳會川序、知縣何炳奎序、教諭鄒炌序、目錄、舊志纂修姓氏、今志凡例、今志總鑒及分纂姓氏、分卷目錄。志文分圖、表、志、傳、錄、記諸體，其圖分為總圖、分圖，其表分為沿革、秩官、選舉三表，其志分為方輿、建置、食貨、學校、典禮、藝文六志，其傳則下繫名宦、邦賢等十七目，錄分作文錄與詩錄，記則有古跡、古事、雜記及別記。此書藝文志含書目、書序二目。又另有文錄、詩錄，文錄中收錄除「書序」以外之各體文章。藝文之與文錄、詩錄，所載內容雖可判別，然如此分類置目，終屬不典。

〔嘉慶〕彭澤縣志十五卷首一卷

周岩修　劉斅　柯翹等纂周岩，字雅山，江蘇元和人，附監生，嘉慶二十三年知彭澤縣事。　劉斅，字賡揚，號東橋，邑人，乾隆五十七年舉人，揀選知縣，借補南康縣訓導，著有《四書正疑》等。　柯翹，字冠群，號楚墅，邑人，恩貢生。

清嘉慶二十四年（1820）刻本　存

光緒《江西通志》藝文略：《彭澤縣志》十五卷嘉定二十四年知縣周岩修。

《中國地方志聯合目錄》。

周岩序戊寅春，余宰茲邑，不揣固陋，以修志為己任。爰諏諸紳士，遍加採訪，設局纂修，雖事有增芟，文有繁簡，而矢公矢慎，不倚不偏，要期於考據詳明，折衷至當而後已。自戊寅九月開修，至己卯臘月蕆事，凡若干卷。志既成，授諸梓，邑紳士請序於予……（嘉慶二十四年十月）

柯翹跋戊寅春，邑侯周雅山公由化移蒞吾彭。既下車，翹奉道府二憲檄修郡志還，謁公告事竣，因語及縣志，公毅然以重修為任。秋九月，集鄉先生明倫堂商度纂輯，捐廉設局，為士民倡，俾共輸助裏贊事。事定，延學博劉東橋先生與翹主之，並選鄉先生分屬其職司……三閱月，稿甫就，而東橋先生捐館，公復委其事於翹……歷歲餘，得書十有五卷，繕稿呈公。公……於公暇總覽大要，縷析條分，取裁至當，定為成書……（嘉慶二十四年季冬）

【按】是志不以文體分門，與乾隆邑志體制殊異。正文十五卷，卷一星野，卷二方輿，卷三建置，卷四食貨，卷五學校，卷六典禮，卷七爵秩，卷八選舉，卷九列傳，卷十卷十一列女，卷

第四章・九江市

353

十二至十四藝文，卷十五雜記，子目凡一百一十二，附目五。

〔同治〕彭澤縣志十八卷首一卷

趙宗耀　陳文慶修　歐陽燾等纂趙宗耀，字星樓，廣東高要人，道光十二年舉人，自同治二年至十一年四任彭澤知縣。　陳文慶，字筱塘，順天府人，福建籍監生，同治十二年二月署彭澤知縣。　歐陽燾，邑人，同治三年進士，代理山西沁水、萬泉縣知縣，著有《寄雲堂雜組》六卷。

清同治十三年（1874）刻本　存

《中國地方志聯合目錄》。

趙宗耀序宗耀奉大府委令督纂，不能不力任仔肩。四月進署之明日，延聘邑彥張筵話茗，運籌策資。五月開局，分任諸君弗辭勞勦，宵寐不遑，三閱月而志成稿，齎省局……（同治十年七月既望）

陳文慶序同治庚午冬，大中丞劉公重修江西省志，通檄各縣編輯新志，以資會纂。是年，前任趙君星樓奉檄開局，越二載而工未竣。壬申歲，嗣任者廖君蘭恬蒞事，十閱月尚未付梓。癸酉仲春，余適權纂斯邑，懼志之懈於垂成也，乃聘在籍周獻臣刺史、許啟山太史總其成，仍廣延邑中多文博學之士分其任。不數月，功告成……

周劼跋癸酉三月，陳筱塘邑侯奉大府檄來攝斯篆。下車伊始，即汲汲以志書為務而總纂之……爰廣延鄉董釀刊資，五月開修，七月付梓，至年終八閱月，居然一律告成……（同治甲戌新正月上浣）

【按】此志知縣趙宗耀創修，起事於同治十年五月，三閱月而稿成，諮送省志局。嗣任知縣廖兆鑾，閱十月而志未付梓。新令陳文慶署篆視事，聘邑進士候補直隸州知州周劼、翰林院庶起

士邑人許振祥及邑之多文博學之士重加修纂，同治十二年五月開修，七月付梓，年終而告成。志分十二門，為地理、建置、食貨、典禮、學校、武備、職官、選舉、人物、列女、藝文、雜記。《續修四庫全書提要》曰：「武備僅分兵制、團練二目，於兵事竟未一言及之，實巨漏也。考舊志建置、食貨，款項所載甚繁，此志率行刪除，其所以刪除之原因，以有《賦役全書》可供披閱，邑乘不必更事詳錄矣。以此言之，凡志中之出自典籍者，何一不可刪除？使欲知邑事者皆遍尋典籍，復何需乎邑乘，其言顧不謬哉？其建置志有保甲一目、武備志有團練一目，二目性質相似，宜相連屬，分附殊非所宜。學校志附有冒考案由、冒考檄、冒捐案由諸文，讀之可以考見其時凡在衙門充當皂快等役，不但本身，並子孫不得考試，教官、廩保徇私混送，均干例禁，府州縣官濫行收考，處分尤重，此志詳為記述，不無可取。」

〔光緒〕彭澤縣志補遺一卷

陳友善修　張經畬纂陳友善，福建侯官舉人，光緒元年知彭澤縣。　　張經畬，邑人，咸豐九年舉人。

清光緒二年（1876）刻本　存

《中國地方志聯合目錄》。

陳友善序彭邑新志，肇始於星樓趙君，蕆事於肖堂陳君。余乙亥季春蒞任，披閱全書……竊歎其明備矣。乃邑人士猶有進而請者，曰：斯帙之成，旁搜博采，時閱數年，修更數手，固已精詳；然編輯舊志，采登新事，尚不免有掛漏者，致與新成郡志頗有參差，欲詳盡無遺，盍請補諸以成全璧乎。於是核之舊志，征諸新郡志，而信然。遂與山長張孝廉並局紳

商議，遵照省志頒定章程，重加纂輯，補遺一卷，附於新志之末……（光緒二年孟春）

《中國地方志聯合目錄》。

【按】本書凡例曰：「此次補遺，惟照舊縣志、新府志所載而新縣志遺漏者逐條補入；補遺，各門多寡不均，未便逐條分類，茲統匯一卷，仍載其目於各條之前，蓋於一編之中仍寓櫛比。」《續修四庫全書提要》曰：「其所補計形勝一條，水利一條，津梁一條，古跡四條，風俗九條，建置三條，廟祠二條，育嬰堂一條，典禮一條，學校二條，職官六條，選舉十五條，人物六十七條，列女九十五條，藝文書目一條、各體詩文數十篇，其裨益於前志，固非鮮也。」

〔民國〕彭澤縣志長編

汪辟疆纂汪辟疆，名國垣，以字行，又字笠雲，號方湖，邑人，畢業於北京大學，任南昌心遠大學、中央大學、南京大學教授，擅詩文，著有《唐人小說》《方湖類稿》等。

民國間稿本　未見

【按】汪氏於民國十四年任江西通志局纂修，此高或即此時所撰，其稿今未見，無以考知其詳。

▶ 德安

德安舊乘之可考者，以《永樂大典》所引《德安志》為最早，約修成於元代或明初。又錄得明志四種，俱佚；清志五種，有康熙十五年志及乾

隆、同治三種今存。

　　五代楊吳順義七年，升潯陽縣蒲唐場為縣，名德安，取德所綏安之意，屬江州。宋仍屬江州。元屬九江路。明、清屬九江府。

德安志

　　佚名修纂

　　修纂年不詳　　佚

　　《永樂大典》卷三五二八，九真，門陳氏義門，引《德安志》一條。

　　《江西古志考》卷四：《德安志》佚卷數、撰人。未見著錄。按：光緒《江西通志》引《天一閣書目》，德安志乘以明正統八年周振修本列諸首位。正統志周振自序曰：「吾德安為九江甲邑，其圖志作於前代永樂中」，知正統志前，永樂間已有圖志，然早於永樂圖志者未聞。今輯得《大典》引《德安志》一條，記陳氏義門，同卷同條引《江州圖經》亦載其事。考佚文，曰「偽唐旌表孝悌」「至道中，宋太宗遣內侍裴愈」云云，非宋人手筆甚明。此志係宋之後人所撰，詳年無考。

〔永樂〕（德安）圖志

　　曾節纂曾節，邑人，永樂九年進士。

　　明永樂間修本　　佚

　　【按】未見著錄。邑有正統志，修於明正統八年，書不存，有周振序存後志中，曰：「吾德安為九江甲邑，其《圖志》作於前代永樂中，敕遣朝臣，臨蒞采輯，下人倉卒應命，以意增損其間，應書不書，不應書而書，覽者未免有遺憾焉。」此《圖志》

正統時尚存，周振修邑乘，嘗取《圖志》舊稿重加編輯，益其可而削其不可，成正統志。

〔正統〕德安縣志四卷

周振纂周振，嘗從母姓黃，字道興，邑人，永樂十三年進士，授浙江道監察御史，遷廣東僉事。

明正統八年（1443）刻本　未見

光緒《江西通志》藝文略：《德安縣志》四卷《天一閣書目》，正統八年修。

周振序吾德安為九江甲邑，其圖志作於前代永樂中，敕遣朝臣，臨蒞采輯，下人倉卒應命，以意增損其間，應書不書，不應書而書，覽者未免有遺憾焉……今年春，因視事之暇，乃取舊稿重加編輯，益其可而削其不可，訛正闕詳，名與實俱，不敢誣謬。爰捐己俸，用壽諸梓，以永其傳……（正統八年）

【按】此志天一閣曾有藏本，見嘉慶《天一閣書目》，光緒《通志》即據此著錄。此後則未見有藏者。

〔嘉靖〕德安縣志

蔡元偉修　周在纂蔡元偉，字伯瞻，福建晉江人，舉人，嘉靖二十五年知德安，在任七年，遷杭州通判。　周在，邑人，嘉靖間貢生，任鎮江府學教授。

明嘉靖二十八年（1549）刻本　佚

光緒《江西通志》藝文略：《德安縣志》嘉靖二十八年知縣蔡元偉修。

蔡元偉序德安舊有志，迄今百餘年未有續修。余不佞，承乏茲土，大懼缺典，乃屬筆於庠生周在，旁搜博獵，匯次成編。輒不自揆，予於政理之暇，親操鉛槧，訂訛補漏，逾年書成……（嘉靖二十八年）

【按】據蔡序，此志列為輿地、食貨、官師、祀典、建設（公署、學校）、人物、災異、雜誌（古跡、丘墓、寺觀、仙釋）八門，其詳則今未可考知。

〔萬曆〕德安縣志八卷

劉鍾修　朱德孚等纂劉鍾，浙江烏程人，歲貢，萬曆四年知德安縣事。　朱德孚，邑人，萬曆四年拔貢。

明萬曆五年（1577）刻本　佚

《千頃堂書目》卷七：劉鍾《德安縣志》八卷。

光緒《江西通志》藝文略：《德安縣志》萬曆五年知縣劉鍾修。

劉鍾跋萬曆丙子夏，余承乏來令茲土，首覽邑志，久失修輯，遺漏殆甚……乃屬筆於選貢士朱德孚、庠生高如峰、湯志宣，參互考訂，不三閱月而成編……（萬曆五年）

【按】據劉《跋》，此志列目為星野、沿革、疆域、山川形勝、風俗、城郭、橋渡、戶口、田賦土貢、秩官、名宦、祀典、治署、學校、選舉、人物、古跡、丘墓。是志今不存，後志錄劉氏跋文，並按云：「此志之修，距蔡公已三十年，止增載三十年間事，餘悉仍蔡志，巨細不易一字，並序文亦跋後而不列前」。

〔康熙〕德安縣志[1]

李朝棟修　劉之光纂李朝棟，邯鄲人，順治十六年知德安縣。

劉之光，仕履不詳。

清康熙元年（1662）刻本　未見

光緒《江西通志》藝文略：《續修德安縣志》康熙元年知縣李朝修。

李朝棟序余少未學，自順治己亥歲來令茲土，每念邑之勝概不可悉訪……載在志中者固班班可考，獨自萬曆丁丑以後，杳乎不傳焉。余用是欲圖編集……幸有劉君之光者，毅焉以重修為己任。余嘉其盛舉而適合愚志也，謹捐俸以為梓人之費，而學博李君榮、孫君文曾，各慷慨捐資，共裏盛舉。第工力浩繁，猶賴合邑紳衿贊助成帙……（康熙元年）

〔康熙〕德安縣志[2] 十卷

姚文燕修　曾可求等纂姚文燕，字小山，桐城人，進士，康熙八年知德安縣。　　曾可求，邑人。

清康熙十二年（1673）刻本　未見

光緒《江西通志》藝文略：《德安縣志》康熙十五年知縣姚文燕修。

姚文燕序德安縣志，自兵燹之餘，殘缺經年。康熙初，有劉生者，搜輯四方，經歲成帙，然而全編散落，不無遺憾……茲遇聖諭，各郡縣定一統通志……乃征本邑曾生、餘生，使任硯席……舉凡訛者正之，遺者補之，謬者糾之，蕪穢不經者芟之剔之，而又條具，以例合之，閱兩月而告成焉……（康熙十二年）

〔康熙〕德安縣志[3] 十卷

馬璐修　馬珀等纂馬璐，陝西涇陽人，恩貢，康熙十四年知德安

縣。　　馬珀，字玉白，馬璐弟。

清康熙十五年（1676）刻　本存

清康熙間增刻本　未見

《中國地方志聯合目錄》

馬璐序德安縣志當兵燹之餘，始備於李瑋朝棟，繼新于姚諱文燕……姚與余相授，其去我非遠也……今余宰是邑，不可以辭，固有同協恭觀教授，得交修於耳目之前者，已較于家弟玉白訂之，學博俞君續而筆之，謀事棗梨矣……（康熙丙辰春月）

【按】姚氏志成於康熙十二年，既已梓行。不三年，新令馬璐續而刻之，是為十五年本，較姚志增馬璐序、馬璐傳及馬璐詩文等。此後，又有託名姚志而為之增竄改易者，乾隆邑志曹師聖序曰：「至數十年貯之縣史、申諸上官、幾同功令者，則姚君小山志，然非當日一本，其中舛錯者固多，竄易者復不少，如建置年代各本互異，列傳所載鄉貫科名與官階政績判然兩人，彼此牽合。又其甚者，志竣於康熙十二年，三十九年事何由預人？」今存者僅十五年本，十二年刻及其後諸增竄者俱未之見。是志十卷，卷一方輿，卷二食貨，卷三官師，卷四祀典，卷五建設，卷六選舉，卷七人物，卷八災異，卷九雜志，卷十藝文。乾隆志鄒大紳跋謂馬璐刊本曰：「繼任馬公復為刪易，原委弗具，不足據依，距今八十餘年，為謬相沿，莫為釐正，此邑人士每一披閱，所為憮然感歎也。」

〔乾隆〕德安縣志十五卷首一卷

曹師聖修　周龍官纂曹師聖，字尚友，淮安衛山陽人，乾隆十九

年進士，二十年知德安縣，調知彭澤縣。　　周龍官，字翼皇，號蓼圃，淮安山陽人，雍正元年進士，授翰林院檢討，任乾隆元年廣東鄉試主考官。

清乾隆二十一年（1756）刻本　存

光緒《江西通志》藝文略：《德安縣志》十五卷乾隆二十一年知縣曹師聖修。

《中國地方志聯合目錄》。

曹師聖序爰請命於郡伯董公，延同鄉前輩周蓼圃太史，相與博求經史諸集，嚴加計探，集此邦人士行修而有文者從容商榷，征信闕疑。而一以郡憲程式為斷，互異者更訂之，牽合者剖別之，公儀恪遵《會典》，賦役悉衷《全書》；諸凡遺文軼事，潛德幽光，或采之儒官，或參之家乘；見聞所及，殘碑散帙，必加詳也。綜其大綱，條其細目，分門別類。閒有不能備者，守缺弗錄，懼滋濫也。開局於甲戌之冬，閱一歲而書成……（乾隆二十一年）

【按】曹師聖前任舒宏道，已有修志之舉，曹序曰：「歲在癸酉（乾隆十八年），前令舒君偕諸紳士相與經劃，詳請編纂，旋以憂去，弗果厥志。」舒氏之後，又有宋調元署任本縣知縣。曹氏以二十年來任，而其序曰「開局於甲戌（十九年）」，其舒令之亦與有功焉。是志十五卷，卷一沿革，卷二職官，卷三選舉，卷四方輿，卷五建置，卷六食貨，卷七學校，卷八典禮，卷九藝文，卷十列傳，卷十一文錄，卷十二詩錄，卷十三古跡，卷十四雜記，卷十五別記。

〔同治〕德安縣志十五卷

沈建勳修　程景周等纂沈建勳，浙江山陰人，監生，同治九年知德安縣。　程景周，邑恩貢。

清同治十一年（1872）刻本　存

朱士嘉《美國國會圖書館藏中國方志目錄》。

《中國地方志聯合目錄》。

沈建勳序檄既下，余適涖任茲土，奉鈞諭，集鄉紳，擇其行修而經明者襄理分校焉，閱八月工竣。凡綱目部分，悉遵省局刊發程式，自乾隆丙子至嘉慶戊寅則采之府志，自嘉慶戊寅至同治辛未則訪諸見聞，原原本本，睹指知歸……（同治十年桂月）

【按】是志有牌記，曰「同治辛未歲（十年）鐫」。書末有邑人燕蘭徵跋，署為「同治十一年桂月」，此書刻工竣事當在十一年。此志亦十五卷，卷一至三地理，卷四建置，卷五食貨，卷六學校，卷七武備，卷八職官，卷九選舉，卷十至十二人物，卷十三卷十四藝文，卷十五雜志。其凡例曰：「是書綱目部分，悉遵省局大憲頒發程式。」「案牘無徵，校訂編摩殊難率爾，凡事關沿革廢興以及忠孝節義等項，僅就見聞所及、採訪所得者載入新志。」《續修四庫全書提要》曰：「舊志列典禮門，凡迎春、接詔、祭祀、鄉飲，其儀注最為詳細，此志皆附於壇廟、學宮、鄉飲條之下，不另立專門，頗稱了然。其沿革一目，搜輯極博，所采典籍有《史記》、前後《漢書》、《晉書》、《宋書》、《通典》、《春秋大事表》等，且能互相參證，以定是非。如《太平寰宇記》有『德安，戰國屬楚』一語，此志加按語云：『按周志引周元王三年越滅吳，周顯王四十六年楚滅越，盡取故吳地，以為屬楚。

今考《通鑑》在周顯王三十五年，楚滅越，《綱》分注云：盡取吳故地，東至浙江。所謂故地者，應是姑蘇等處，至九江等郡，春秋時已半屬楚，不自滅越之後始也。」考證精博，諸多類此。藝文所列書目，皆以人為綱，統以所著各書，逐書皆注出典，且有標明已刻未刻者，又間有錄其原序，然不過十僅一二，未能逐書悉有耳。」

▶ 湖口

　　茲錄得湖口縣舊志七種，其中明志三種，俱佚；清志四種，今俱存。舊錄以嘉靖沈志邑志首修，今考得嘉靖志之前百數十年有志，修於洪武至正統間。又弘治初，郡守童潮有郡志之修，「命儒官搜集五縣志於殘失之餘」；童志陸紳後序則曰：「九江太守童侯命一府五邑儒官纂五邑之志」。今考九江府五屬邑中，唯瑞昌縣於弘治初有志，湖口等四縣則絕無紀載，陸序亦未確言五邑之志纂成與否，故不敢遽錄為一種，謹識之以存疑。又清末有邑人張宿煌撰《備志紀年》一卷，有光緒二十一年刻本存。張宿煌字拱辰，號碧垣，同治元年恩科舉人，嘗與修同治邑志。此書似為後志取資所備，不宜以正志錄之，附記於此。

　　南唐保大中，以彭澤縣之彭澤、五柳二鄉析置湖口縣，屬江州。宋仍之。元屬江州路。明、清屬九江府。

〔明〕湖口縣志

　　佚名修纂

　　明修本　佚

【按】未見著錄。康熙《湖口縣志・凡例》曰：「童潮《府志》作於弘治之初，先沈志七十餘載，其序有云：『命儒官搜輯五縣志於殘失之餘，而手自較輯。』程九達序沈志云：『創自前修，百數十年至今，始集其成。』以上推之，非前此無志也，特散亡之耳，然已無可考。」沈修嘉靖邑志，今僅存沈、段二序，程九達序已不可獲見。九達，應山歲貢，嘉靖三十八年來任縣主簿。據程式「百數十年至今」推計，此志修於洪武至正統間，其年不可確考。

〔嘉靖〕湖口縣志八卷

沈詔修　段孟賢等纂沈詔，號龍洲，浙江仁和舉人，嘉靖三十五年知湖口縣。　段孟賢，字汝愚，號蒙岡，邑人，嘉靖三十一年舉人，四十一年進士，授刑部湖廣司主事，終官貴州副使。

明嘉靖三十九年（1560）刻本佚

光緒《江西通志》藝文略：《湖口縣志》八卷嘉靖三十八年知縣沈詔修。

沈詔序進博士三、貢士一、庠士六人，校讎編輯殆盡，為冊者二，綱者八，目者四十，支節脈絡分明，事核而詳……（嘉靖己未秋仲上浣）

段孟賢序湖口自南唐時為邑，歷今數百年，未聞有為之志者。仁和沈侯龍翁先生以賢科官於茲三年……乃揆方定例，布公集思，進庠士之秀者曹宗洛、伍祀、石鐘、曹風篇、潘廷璽、張道六人，授之意，使稽郡乘，參公牘，資者舊，詢草野，創為詮次，而以孟賢討究焉。筆硯共分，一得各殫，已乃具草以復於侯，侯復極意剪潤之……綱揭目張，合之凡八卷，曰湖口志……（嘉靖己未冬十月）

【按】崇禎邑志陳文德序曰：「取舊志寓目，見其創成於嘉靖庚申（三十九年）。」上引沈詔序撰於己未（三十八年）秋仲，段序撰於己未冬十月，其書之刊竣當在三十九年。陳序又曰：「夫成於創也，或事事不及致詳。」崇禎志張維極序曰：「其志八卷，卷各為贊，復有小引，沈侯稱其枝節脈絡分明，良有以也。」

〔崇禎〕湖口縣志八卷

陳文德修　張思問　張維極等纂陳文德，字耐庵，湖廣麻城人，四川宜賓籍舉人，崇禎八年知湖口縣，升茶陵知州，著有《鐘山傭讀》等。　　張思問，字不疑，號鐘陽，邑人，郡庠生，崇禎九年徵孝廉賢能，著有《理數卦所》等。　　張維極，思問子，字元子，崇禎十六年選貢。

明崇禎十一年（1638）刻本　未見

光緒《江西通志》藝文略：《續修湖口縣志》八卷崇禎十一年知縣陳文德修。

陳文德序丙子春，心手稍暇，取舊志寓目，見其創成於嘉靖庚申，距今且七十年。夫成於創也，或事事不及致詳……乃以囑張征士思問。至丁丑冬，其子庠生維極以其稿來，大約捃摭較舊志加備，考證較舊志加核，品騭較舊志加慎。余復手為訂正，損益存去得失是非之間，隻字不肯滾略，凡三閱月而粗成完書，爰付諸梓而序曰……征士屬稿僬成，抱屙易簀，維極收涕續竣之……（崇禎戊寅歲陽月）

【按】此志又有張維極序，記嘉靖沈志之後，此崇禎陳志之前，三有修志事而均未果者，其略曰：萬曆四十五年戊午，知縣

林翹楚諭諸生李之魁、例貢段以獻等輯修，既而以覬行未果；崇禎六年癸酉，知縣劉延漢再諭諸生李之魁及張思問等，開局擬修，亦以覬行未就；崇禎七年甲戌，邑人葉富春、秦崇文、鄒逢吉、張思問等再行纂輯，亦未克成稿。至崇禎九年丙子，知縣陳文德命張思問、李之魁等開局於下石鐘山之大觀閣。會李之魁卒，張思問屬稿未成，亦於十年六月抱痾易簀。思問子維極於次年接其父手澤，而為之續葺，仿一統志、通志、新舊郡志例釐正之，成書八卷，陳令復予訂正筆削之，乃付剞劂。是書之成，其亦艱矣。張維極曾祖科嘗有志撰述邑乘而未之逮，其曾伯祖道嘗與修嘉靖志，思問、維極父子又成崇禎志，陳序曰：「總計先後二志，張氏祖孫父子三著名，依稀漢彪、固之遺徽云」。

〔康熙〕湖口縣志十卷首一卷

喬缽　范之煥修　陳啟禧纂喬缽，字文衣，直隸內邱貢生，順治十四年知湖口縣，升劍州知州。　　范之煥，字大章，河南修武舉人，康熙二年來任湖口知縣，十二年升陝西寧羌州知州。　　陳啟禧，字民則，邑人，考授知縣，未任，著有《志復居稿》。

清康熙十二年（1673）刻本　存

光緒《江西通志》藝文略：《湖口縣志》康熙十一年知縣范之煥修。

《中國地方志聯合目錄》。

陳啟禧序歲壬寅，邑侯喬公文衣走胥來召曰：志久湮，子其為我輯之。予曰：吾不能亢吾身，焉亢吾宗，成帙之物將歸朽壞，又其如此邑志何？喬公曰：子勉之，行當與志次第俱顯矣。予既辭不獲，爰自夏徂秋，

經營三閱月，粗成一稿。俄而公有劍州之擢，弗果登梓。會今天子聿興文治，命天下直省各修通志，以徵文獻，於是諸郡縣亦輯其志以應之。今侯范公知余嘗從事於斯也，仍以見屬。予乃偕邑之賢達，陳故稿而就正焉……予既手校之於十有餘年之前，復身成於十有餘年之後，為創為成，實自一手……（康熙十二年陬月）

【按】此志陳氏屬稿於康熙元年壬寅，其成書則在十二年癸丑，歷喬、范二知縣之任，光緒通志及《聯合目錄》俱不著喬缽名氏，似有所不當。又陳序撰於十二年，書中卷四秩官記有十二年新任知縣劉毓胤，是其書刻成於十二年無疑，光緒通志作十一年修，亦不甚確。

〔乾隆〕湖口縣志十八卷首一卷

郭承縉修　黃河昆　曹天瑾等纂　郭承縉，號錦純，安徽合肥貢生，乾隆十一年知湖口縣，十八年復任。　黃河昆，字西源，號溯亭，邑人，雍正十一年進士，授肥城知縣，充山東同考官，著有《溯亭制藝》。　曹天瑾，字性豐，號東城，邑人，乾隆四年進士，捷取河南遂平知縣。

清乾隆二十一年（1756）刻本　存

光緒《江西通志》藝文略：《湖口縣志》乾隆二十一年知縣郭承縉修。

《中國地方志聯合目錄》。

黃河昆跋　昆既受命，敬從曹、劉諸君子後，矢公矢慎，如式為若干卷，呈縣上府，得正於濂溪主講桑弢甫先生，以卒其業。適署侯徐公蒞止，以考其成……是役也，起乙亥，訖丙子……（乾隆二十一年冬）

【按】此志又有纂人周燮，字長枚，號免者，邑武學生員，後志記其與修此志，「刪述訂正，燮之力居多，志成後議列燮名纂修中，燮固辭，遂止」。黃、曹二跋並記周燮隱名事，曰「宿儒也，述作之勤，與事終始，同人推為庸首，獨固遜不肯署名」。周氏事蹟，在歷代志局修纂中實所僅見，方之斤斤虛利、攘功竊名者輩，豈可以道理計。是其志其行所宜特為表彰者，故記之。

〔嘉慶〕湖口縣志十八卷首一卷

宋庚等修　洪宗訓等纂宋庚，號芟湖，江蘇溧陽進士，先知龍南縣，嘉慶二十一年調署湖口縣。　洪宗訓，字九疇，號繡園，邑人，乾隆五十七年舉人，授廬陵縣學訓導。

清嘉慶二十三年（1818）刻本　存

光緒《江西通志》藝文略：《湖口縣志》十八卷嘉慶二十三年知縣宋庚修。

《中國地方志聯合目錄》。

宋庚序邑舉人洪君宗訓、李君照、進士蔡君孔易則主修，貢生周君厚輯、柳君星煌、廩生蔡君孔炘則協修，其他司採訪者數十人，司校讎者十餘人……始丁丑夏，訖戊寅春，凡閱月告成於學宮東偏之忠孝祠……（嘉慶二十三年正月）

【按】是志有署知縣宋庚、署知縣陸典、知縣李煦序及邑人洪承訓、李照、蔡孔易跋，洪跋最晚，作於二十三年仲夏，其書竣事當在此時。卷首有纂修姓氏，列宋、陸、李三知縣為監修，洪、李、蔡三邑人並有跋文者為纂修。《聯合目錄》舉修者不及

陸典，列纂人則遺李照，似有未當。陸典，錢塘人，署知縣事。李煦，字麗湖，直隸靜海監生，嘉慶十二年知縣事，二十三年回任。李照，字摯謙，號牧軒，乾隆五十七年舉人。蔡孔易，字經世，號筠園，乾隆六十年進士，歷任湖南新寧、桃源、芷江知縣。本志凡例曰：「章程格式原以郭志圭臬，未嘗過為紛更，間有明知偶誤與遺漏者，仍照范志、沈志改正添補，其餘多仍舊式。」《續修四庫全書提要》評曰：「藝文志所收書目，必將原書檢閱，無違礙字樣始行登載，是以所收殊為寥寥。其他各門，紀載皆詳而有法，秩官、選舉各表所列尤精，各門小序亦多言之有物，實堪稱為佳構也。惟兵防、里長、保甲諸目附諸建置，似非其類。且無兵事一門，亦一小疵。」

〔同治〕湖口縣志十卷首一卷

　　殷禮　張興言修　周謨等纂殷禮，號月樵，湖北江夏縣吏員，同治五年知湖口縣。　　張興言，號希齋，浙江歸安監生，同治十一年署湖口縣事。　　周謨，字觀門，號南垣，邑人，廩貢，署貴溪縣教諭。

　　清同治十三年（1874）刻本　存。

　　《中國地方志聯合目錄》。

　　張興言序余曾輯《宜黃志》，閱再稔而書成。今調宰是邦，知議修縣志尚未蕆事，復進邑之紳耆賢達，詳加考訂，漏者補，蕪者芟，務使佚事遺文搜羅悉備，幽光潛德表闡靡遺。稿既定而剞劂之貲尚缺焉有待，爰籌經費，召手民而付之，卷帙裒然，洵足為一邑之信史已。是志也，劉大中丞諄諄勸輯，舊令尹倡其始，諸君子襄厥成。不材譾陋，又何敢居功……嘗於判牘餘暇，披繹再三，竊幸此書之裨益吏治非淺顯也……（同

治十三年七月）

　　周謨跋歲庚午，劉大中丞飭邑縣修輯志乘。邑侯殷集鄉人士任其
事，草略具而費不貲，厥功未竟。越兩稔，邑侯張籌費於保甲贏餘，召周
明經文炯暨沈君全偉、李君壽芝、彭君元善、郭君孝諧踵成之。謨時自貴
溪教署卸篆家居，亦與斯選。家明經來一視稿，辭就館穀。謨乃偕諸子分
綱讎校，付梓章門，兩閱月而工竣……（同治甲戌秋八月）

　　【按】張序、周跋敘此志始末甚悉。本書凡例曰：「《湖口縣
志》舊列十四綱，今遵省局新頒通志條例，省作十綱」，「十綱
次第多與舊志不同，一遵通志訂定」，「綱中條目有損益」。書中
條目凡改易舊志者，或改其名稱，或更其歸屬，均予注明，使改
易之跡一目了然。其十綱為地理、建置、食貨、學校、武備、職
官、選舉、人物、藝文、雜匯。

▶ 星子

　　星子、南康置縣建郡，均在北宋太平興國間，僅三十餘年，即有《祥
符（南康）圖經》，見引於《永樂大典》，今錄得南康郡志十六種，可確辨
年代者以此《圖經》為首。又錄得星子縣志三種，最早者亦宋人所撰，見
引於《輿地紀勝》，其撰年則無以確指。郡志之存者，有明一種，有清二
種。縣志則僅存清同治修本。

　　宋太平興國三年，升德化縣星子鎮為星子縣，屬江州；太平興國七
年，建南康軍，治星子，領星子、建昌、都昌三縣。元南康路，領星子、
都昌二縣及建昌州，治星子。明南康府，仍治星子，領星子、都昌、建
昌、安義（明正德十三年析建昌縣地置）四縣。清仍明。

〔宋〕（南康）舊經

佚名修纂

宋修本　佚

《輿地紀勝》卷二十五，南康軍，景物下_{黃石岩、明月珠}，引《舊經》二條。又，景物下_{黃金山}，引《舊圖經》一條。

《永樂大典》卷九七六四，二十二覃，岩_{黃石岩（《南康志》）}，引《舊經》一條。

《中國古方志考》：《（南康）舊經》_佚。

《江西古志考》卷四：《（南康）舊經》_{佚卷數、撰人。按：本}志撰年無考。《紀勝》又引《舊圖經》一條，張國淦氏錄歸此《舊經》，姑從之。

〔祥符〕（南康）圖經

李宗諤等修_{李宗諤，字昌武，饒陽人，進士，官至右諫議大夫。}

宋大中祥符三年（1010）修本　佚

《永樂大典》卷二六○三，七皆，台_{皇仙台（《南康志》）}，引《祥符經》一條。

《江西古志考》卷四：《祥符（南康）經》_{按：是《經》即宋}祥符間所修《州縣圖經》之一種。參見《祥符（洪州）圖經》考。

〔宋〕（南康）圖經

佚名修纂

宋修本　佚

《輿地紀勝》卷二十五，南康軍，縣沿革_{都昌縣}；景物下_{香爐}

峰；引《圖經》兩條。

《中國古方志考》：《（南康）圖經》佚。

《江西古志考》卷四：《（南康）圖經》宋，佚卷數、撰人。
按：《紀勝》引《（南康）圖經》兩條，「都昌縣」條言及都昌自饒州來隸，
事在宋太平興國年間，是為宋志。又《紀勝》「黃金山」條引《舊圖經》
一條，同卷「香爐峰」條則引《圖經》，則此《圖經》當晚於《舊圖經》，
《中國古方志考》另錄作一種，可從。該《圖經》撰年無考，唯知修於太
平興國以後，王象之《輿地紀勝》之前。

〔宋〕南康軍志

佚名修纂

宋修本　佚

《永樂大典》卷二二六〇，六模，湖彭蠡湖，引《南康軍志》
一條。

《中國古方志考》：《南康軍志》佚。

《江西古志考》卷四：《南康軍志》宋，佚卷數、撰人。按：宋
太平興國七年置南康軍，是志當修於置軍後，其餘無考。

（南康）舊志一冊

佚名修纂

修纂年不詳　佚

《永樂大典》卷八〇九二，十九庚，城孫慮城（《南康志》），
引《舊志》一條。

《文淵閣書目》卷四舊志：《南康府舊志》一冊。

《中國古方志考》：《南康舊志》。

《江西古志考》卷四：《（南康）舊志》一冊佚卷數、撰人。

按：《大典》「孫慮城」條《南康志》引《舊志》一條，此《南康志》為元前至元十三年以後修本（見佚名修《南康志》考），所引《舊志》，當係宋修舊乘。宋修《南康志》，見於著錄者有乾道朱端章本、寶祐胡存本，此《舊志》不知是否即其中之一種，《中國古方志考》別錄作《南康舊志》，姑仍之。又，《文淵閣書目》舊志有《南康府舊志》，殆即本志。然明之前無「南康府」建置，此「府」字乃沿明制而衍，當刪。

〔淳熙〕南康志八卷

朱端章修朱瑞章，淳熙末知南康軍。

宋淳熙十二年（1185）修本　佚

《輿地紀勝》卷二十五，南康軍，軍沿革屬江州、舊隸江南西路；縣沿革都昌縣；風俗形勝郡負康廬；景物上蘇山；官吏陳可大；引《南康志》六條。

《直齋書錄解題》卷八：《南康志》八卷郡守朱端章撰，淳熙十二年。

《宋史藝文志》史部地理類：朱端章《南康記》八卷。

《文獻通考經籍考》卷三十二。

《國史經籍志》卷三。

《文淵閣書目》卷四舊志：《南康志》八冊。

光緒《江西通志》藝文略：《南康志》八卷《書錄解題》，淳熙十二年郡守朱端章修。

《中國古方志考》。

《江西古志考》卷四。

〔寶祐〕南康志

胡存修胡存，寶祐間知南康軍。

宋寶祐間修本　佚

光緒《江西通志》藝文略：《南康志》寶祐間軍守胡存重修。

《中國古方志考》。

《江西古志考》卷四：《南康志》宋，胡存纂。按：胡存，正德《南康府志》卷六名宦曰：「寶祐間知南康軍，愛民好學，政教並行，重修郡志，識者韙之。」光緒《江西通志》亦作「寶祐」。張國淦氏錄作「寶慶」，誤。

南康志

佚名修纂

修纂年不詳　佚

《永樂大典》卷二六〇三，七皆，台東翻經台、西翻經台、吳仙台、皇仙台、文女台；卷二六〇四，七皆，台百花台；卷二七四一，八灰，崔崔閣；卷三一四二，九真，陳陳圓；卷三一四三，九真，陳陳瑾；卷三一四九，九真，陳陳篆；卷七二三五，十八陽，堂君子堂；卷七二三八，十八陽，堂六老堂；卷七二四一，十八陽，堂汲古堂；卷七二四二，十八陽，堂獨善堂；卷七五一〇，十八陽，倉社倉；卷七五一六，十八陽，倉省倉；卷七七五六，十九庚，形卻粒煉形；卷八〇九二，十九庚，城左裡城、建昌古城、龍安縣城、落城、孫慮城；卷八五二六，十九庚，精黃精；卷

一九七八一，一屋，局雜造局；卷二二一八二，八陌，麥瑞麥；引《南康志》二十五條。又，卷二二六〇，六模，湖鄱陽湖；卷八〇九二，十九庚，城南康府城；卷九七六四，二十二覃，岩黃石岩；引《南康府志》三條。

《中國古方志考》：《南康志》佚。

《江西古志考》卷四。

【按】《大典》引《南康志》二十五條，張氏《大典輯本》得其二十一條，曰：「宋有淳熙朱端章、寶慶胡存《南康志》，此『社倉』條淳祐壬子。壬子，淳祐十二年。知是淳祐十二年以後所修，非淳熙、寶慶志。」今考《大典》「瑞麥」條引《南康志》，載陳炎酉《瑞麥記》，此《記》作於至元丙子（十三年）。正德《南康府志》卷六：「陳炎酉，至元間為總管，修白鹿書院，興學賑饑，招集流亡，修會心軒、宇宙山亭。」知是志修於元前至元十三年以後。《大典》所引《南康志》，多有記載宋嘉定及嘉定以前事，是否如張氏斷言皆非淳熙、寶慶（當作寶祐）本，實未可知，姑並錄於此。又《大典》引錄《南康府志》三條，考「鄱陽湖」條佚文曰「西接龍興，東抵饒州」，龍興乃元代建置，據此似是志乃元人所修。但志名又作《南康府志》，南康府又為明制，不知是否《大典》引錄時依明制增一「府」字。疑而未可遽斷，姑輯於此，俟考。

南康郡志

佚名修纂

修纂年不詳　佚

《永樂大典》卷八〇九二，十九庚，城閘城，引《南康郡志》一條。

《江西古志考》卷四：《南康郡志》佚卷數、撰人。未見著錄。

按：本志佚文曰：「閘城，在宋名石塘」，知為宋之後修本。

〔成化〕南康府志

曹凱修曹凱，字宗元，山東益都人，成化進士，由參政遷衛經歷，擢南康府知府。

明成化間修本　佚

張元禎序郡志所以志一郡之事，即古列國史遺意也。山東曹侯凱以雄才碩學來守南康，郡志故弗完，侯孜孜考索以補之，燦然成書，使此邦故實，千里而廣、千載而遠者，觀之可一目盡……

【按】此志未見著錄，有張元禎序存正德府志中。正德志職官中無曹凱，僅有成化五年來任之知府許顒及十一年來任之知府俞浩；名宦中有曹凱傳，亦未記曹氏在任年月。正德府志藝文中載有張元禎撰《重建南康府堂記》，其略曰：成化七年，安陽許公顒來為守，慨然有重建府堂之志，未果趨事，而許公適遭外艱去；山東曹侯凱實來補任，視篆初，即計工程材，諏日起事，始於辛卯（成化七年）十二月，訖工於壬辰（八年）七月。由是可以考知，曹凱之南康知府任期，當自成化七年至十一年，其志亦當修於此間。正德十年，知府陳霖重修府志，嘗得見成化志，「多淆、謬、缺、繁」，故為之重葺。

〔正德〕南康府志[1] 十卷

陳霖修　陳徵等纂陳霖，浙江長興縣人，由進士任行人，選監察御史，正德元年（一作三年）知南康府，以母憂歸，正德八年復任。　陳徵，字明善，廬山人，府學教授。

明正德十年（1515）刻本　未見

《千頃堂書目》卷七：陳霖《南康府志》正德間修。

光緒《江西通志》藝文略：《南康府志》十卷正德間知府陳霖修。

《中國地方志聯合目錄》：《南康府志》十卷明陳霖纂修，明正德十年刻本。

陳霖序正德丙寅，余承乏是郡，首及是志，乃成化間者，前此無考。未幾以憂去。癸酉歲復補是郡，值地間多故，未暇也。今年乃獲遍閱，多淆謬缺繁。文獻無征，守土者責將焉辭，乃謀諸通判林君克容，命教授陳徵、教諭陳成、訓導蘇曰霖，考訂事實，類分條析，始於沿革，終於詩類，凡十卷。暇則餘筆之。閱數月，乃克就緒，前所謂淆者清，謬者正，缺者備，繁者簡也。書成，將鋟諸梓……

【按】正德間所修《南康府志》，有十年刻本及十五年刻本兩種。十年本已梓行（說見十五年本陳霖序），其書今未見，有陳氏十年序存十五年本中。此本既成，至正德十五年，以郡有築城、分邑諸大事，須有以記之，乃續輯新志，是為十五年本。《聯合目錄》誤錄十五年本為十年本，今正之。參見該志下考識。

〔正德〕南康府志[2] 十卷

　　陳霖修　陳徵等纂

　　明正德十五年（1520）刻本　存

　　陳霖序正德乙亥歲，余嘗閱南康府志，公暇修之，凡一郡之顛末，自沿革以至詩類，筆之郡齋，因舊為新，去謬存正，補遺汰冗，以成郡志，嘗梓行矣。茲郡築城、分邑，皆盛舉也，不可以無志，復考訂為新志云⋯⋯

　　【按】正德十年，知府陳霖修郡志，嘗梓行矣。十五年，以築城、分邑之盛舉不可以不志，乃續修之，成新志。十年志今未見。十五年志原刻存天一閣，一九六四年上海古籍書店據天一閣藏本影印。《聯合目錄》不錄十五年本，著錄為十年本存，顯誤。十五年陳序記正德己卯（十四年）築府城，庚辰（十五年）訖工；又記析建昌縣之安義、卜鄰、南昌、依仁、控鶴五鄉置安義縣，其事在正德十二年。志中卷三城池、卷一沿革亦分記築城、分邑事。卷六職官、卷八（藝文）文類等，皆記有十年之後事。

〔萬曆〕南康志十二卷

　　田琯修　高瀛等纂田琯，號竹山，延平人，隆慶五年進士，萬曆十七年知南康府。　　高瀛，浙江舉人，南康府學教授。

　　明萬曆二十一年（1593）刻本　未見

　　《千頃堂書目》卷七：田琯《南康府志》萬曆癸巳修。

　　《四庫全書總目》史部地理類存目三：《南康志》十二卷。

　　光緒《江西通志》藝文略：《南康志》十二卷萬曆間知府田琯

修。

　　王琯序集文學士閒署纂成之，而余亦手為之校正，為綱十有二，為目無慮百種，蓋事實多仍舊志，至義例條格則斁畫維新……是役也，不佞琯持其議，同寅陳君堯仁、祝君世喬、曹君一元贊其成，星子令吳君福協其力，而學博高君瀛、周君偉暨二三孝廉譽髦士則考訂而搜羅之。刻成，又請余敘其略如此云。（萬曆癸巳季夏）

　　熊煒序始其事於癸巳之春，再閱月而稿遂成，又再閱月而梓人程能，簡帙就緒……（萬曆癸巳孟秋）

　　【按】《四庫存目提要》曰：「是書成於萬曆癸巳（二十一年），門目雖繁，而條貫有序，猶輿記中之不甚猥雜者。」

〔順治〕南康府志

　　薛所習修薛所習，字淄林，孟縣人，順治十四年由選貢知南康府。

　　清順治間修本　未見

　　【按】此志未見著錄。毛德琦序康熙六十年《南康府志》曰：「南康郡志明季凡三修。我朝順治年間，河陽薛公因田志而附益之。康熙癸丑，昆湖廖公復因薛志而增刪之。」同治府志卷十三名宦：「薛所習於順治十四年由選貢知南康府，在任五年，政平訟理，重建府學聖殿、明倫堂、府堂、六老堂。躬擒巨盜熊仲卿，合郡賴以安寧。十八年以建昌逋賦，奪一級去。」是志當修於薛氏任期內，即順治十四年至十八年間。毛序曰其書「因田志而附益之」，其門類卷次或與田志無大異。是否梓行，則今未能考知其詳。

〔康熙〕南康府志十二卷

廖文英修　熊維典　錢正振纂廖文英，號昆湖，連州人，崇禎十二年由選貢任南康府通判，主白鹿洞書院，康熙七年擢南康知府。　熊維典，字約生，建昌人，崇禎四年進士，仕至戶部給事中。　錢正振，字侯起，號鐵峰，星子人，康熙九年進士，著有《四書決疑》行世。

清康熙十二年（1673）刻本　存

清康熙十五年（1676）續刻本　存

清康熙六十年（1721）續刻本　存

光緒《江西通志》藝文略：《南康府志》十二卷康熙十二年知府廖文英修。

《清史稿藝文志》：《南康府志》十二卷廖文英修。

《中國地方志聯合目錄》。

廖文英序會部檄行纂修大一統志，以豫、秦為式……其綱目十有二，只求寧嚴毋濫，寧簡毋繁，曰封域，曰建置，曰賦役，曰學校，曰秩官，曰選舉，曰人物，曰女德，曰藝文，曰雜志，曰外志……余取司守土，今當輯瑞之期，因得與劉、倫兩寅丈，星、建、安三令尹從纂修之，後與給諫熊公維典、觀政錢君正振、生員熊君非熊、孝廉吳君一聖、府廣文張君博，求所謂千金不易一字者……（康熙十二年仲冬）

倫品卓序志成於癸丑之秋。明年甲寅春，昆湖廖寅翁引年還粵，板貯星子縣庫。是年冬，突遭寇變，板多散軼。予奉命典符，乙卯春，正方整理殘疆，百廢待舉，乃重為簡括郡志，鳩工補茸。兩期之內，不無經營事緒暨職官遷次，並得續入，勒成全書，雖未暇節修舊本，聊存卯、辰間一二實紀，以備他日刪訂云爾。（丙辰春三月）

毛德琦序南康郡志明季凡三修。我朝順治年間，河陽薛公因田志而

附益之。康熙癸丑，昆湖廖公復因薛志而增刪之，於今五十餘年，若山志，若洞志，與夫郡志，版籍俱蠹蝕剝落。余自甲午秋視事星渚，幾欲舉而釐定之。詎丁酉春，山志、洞志皆被於火，而郡志亦遭殘缺……戊戌春鳩工起局，歷三載而二志始成。至郡志，雖將殘缺者刊訂，其間有闕遺應補、蕪穢應刪者，屢欲繼二志而集其成，為護府篆，三載公務殷繁，未遑兼及，僅於二志中摘其當入郡志者附之郡志，於郡志摘其應入二志者附之二志，亦庶幾無大闕略乎……（康熙六十年秋）

【按】此志有康熙十二年、十五年、六十年三種刻本，今俱存。知府廖文英修成於十二年秋。十三年冬，遭寇變，志版散佚，新任知府倫品卓鳩工補葺，增倫品卓序及《記事》各一篇，志中僅續入甲寅（十三年）、丁卯（十四年）經營及職官遷次一二實紀，其餘一仍十二年本之舊，書成於十五年春。又四十餘年，志版蠹蝕剝落，又遭康熙五十六年火災，殘缺殊甚，星子知縣毛德琦重修《廬山志》《白鹿洞書院志》，於此府志則重刊其殘缺之板，又采山、洞二志應入郡志者附入，成此六十年本。以六十年本與十五年本勘比，書首增毛德琦序一篇，凡例、目錄以及職官、選舉等均無改易，唯藝文志中告文、碑記、詞賦數目稍有增刪，所增版數不及十數，而增刪處往往截斷原文，使之首尾殘缺，前後不能銜接，難以卒讀，甚至在記文中插入詞賦，加以刻工拙劣，疏於校對，其粗陋淆亂蓋志乘中所鮮見者。倫品卓，灤州人，由拔貢康熙十三年任南康知府。毛德琦，號心齋，鄞縣人，由恩貢知星子縣，康熙五十三年來任。

〔同治〕南康府志二十四卷首一卷

盛元修盛元，字愷庭，正藍旗蒙古進士，杭州駐防，同治九年知南康府。

清同治十一年（1872）刻本　存

《中國地方志聯合目錄》。

盛元序予以庚午歲承乏此邦，適值中丞劉公廣開志局，下其條例於郡縣，俾續修者知所遵守……不揣固陋，謹取各縣志，舉要刪繁，間有彼此抵牾之處，務令條分縷合，以昭畫一。前志有未核者，亦間以鄙意附見其間。手自編摩，週一寒暑而始告竣，期於無聚訟無偏枯無支且漏而未可必得也。脫稿後遍質諸寅好士紳，始勉出授梓……（同治十一年嘉平月）

【按】此志卷首序、舊序、凡例，卷一至四地理（星野、疆域、沿革、形勝、山川、古跡、風俗、物產），卷五至七建置（城池、公廨、鄉里街巷坊塔市鎮、津梁、水利、壇土遺祠廟、寺觀、亭閣樓台），卷八賦役（戶口、田產、漕運、坐支、三衛、蠲緩、倉儲、驛鋪、鹽引），卷九卷十學校（學宮、學制、書院），卷十一武備（兵制、兵事、武事表），卷十二卷十三職官（文職、武職、名宦），卷十四卷十五選舉（薦辟、進士、鄉舉、貢生、雜途戎行世職、仕籍），卷十六至十八人物，卷十九列女、寓賢，卷二十至二十二藝文（經部、史部、子部、集部、別部、文徵、金石），卷二十三卷二十四雜類（仙釋、塋墓、祥異、軼事、補遺）。

〔宋〕星子志

佚名修纂

宋修本 佚

《輿地紀勝》卷二十六，隆興府，府沿革隋平陳罷郡為洪州，引《星子志》一條。

《中國古方志考》。

《江西古志考》卷四：《星子志》宋，佚卷數、撰人。按：星子置縣於宋太平興國三年，是志又為《紀勝》引，知為宋志，成書年代無考。

〔嘉慶〕星子縣志十二卷

狄尚絅修 查振纂狄尚絅，字文伯，江蘇溧陽人，乾隆四十六年進士，嘉慶十二年選授南康府知府。 查振，字宗瀛，號雲槎，邑人，嘉慶三年舉人，主講淮安麗正書院、武陵正誼書院，著有《文集》四卷、《正吾堂詩鈔》二卷等。

清嘉慶二十四年（1820）稿本 未見

光緒《江西通志》藝文略：《星子縣志》嘉慶二十二年查雲槎采往跡之散見舊府志者纂為縣志，無刊本。

狄尚絅序適中丞程月川先生思輯通志，命屬員先輯縣志……於是遂與教授郭星嶠等籌費起局，敦促孝廉查雲槎為之領袖……並延諸明經等分修校閱，殫心一力。余亦以簿書之暇，得總覽大要，參與可否，折衷至當……是役也，始於戊寅三月，告成於己卯歲杪，別為十一門，釐為十二卷……（嘉慶二十四年嘉平）

【按】是志始事於嘉慶二十三年戊寅三月，兩越寒暑而事竣，成稿於二十四年己卯嘉平月，其時已為西曆一八二〇年。光緒通志曰「無刊本」，同治《南康府志》凡例曰：「星志創自嘉

慶二十五年，狄前守聘查孝廉振纂輯成稿而未付刊」，知是志未嘗授梓，同治邑乘即以此稿為藍本增刪而成。

〔同治〕星子縣志十四卷首一卷

藍煦　徐鳴皋修　曹徵甲等纂藍煦，湖南長沙人，監生，同治六年來任星子知縣。　徐鳴皋，江蘇宜興人，同治七年進士，署星子縣知縣。　曹徵甲，邑人，道光十四年舉人，選東鄉縣訓導。

清同治十年（1871）刻本　存

《中國地方志聯合目錄》。

藍煦序中丞劉來巡江西，以《通志》百數十年來未修，札各屬採訪續纂。煦奉札後，即與邑孝廉曹、鄭諸子悉心搜輯。唯自雍正間修志以後，歷年既久，湮沒散佚，了無紀載，幸得查孝廉未定舊稿，刪剔博采而增修之，閱歲餘而稿始就，校正爰付剞劂……（同治十年四月既望）

【按】本志蓋就嘉慶查纂稿本刪剔增修而成，其凡例曰：「星子向無專志，地附郡郭，事附郡乘，故多缺略。嘉慶己卯，查雲槎采往跡之散見田、廖二志者，特纂縣志，分綱析目，所記較詳，惜猶未付剞劂，所存遺稿，魯魚亥豕，字跡多訛，茲又歷四十餘年，自不能悉仍其舊……」書成於同治十年，凡十四卷，區為疆域、山川、建置、民賦、學校、武備、職官、選舉、人物、藝文、雜志十一門。《續修四庫全書總目提要》評議是志曰：「書中各門無不搜羅宏富，考證精詳，在同郡各志中，堪稱上選。惟藝文志之書目，有錄敘跋者，有無敘跋者，且間有長數千言者，詳略未免太不一致，所收詩文，亦嫌過濫，胥為未能盡愜人意者。」

▶ 都昌

都昌舊乘，今輯得十種，其明志五種俱佚，清志五種存其四。邑人黃昌蕃跋同治志曰：「修志，公事也，獨都昌縣志有賴於私輯者多。夫私輯者無牽制於道謀，無瞻徇於世故，無需費之委曲而條例不妨於過嚴，無勒限之催追而採訪不虞其或略。又其慨然有作者，大都是不相值，自問才識兼長，學優望重，而後搦管為之而不疑。」萬曆陳志得邵、黃遺稿而為之創始，崇禎陳志亦本於杜貢元之草而潤色之，同治志復以劉拳龍志稿為主臬而裁酌成志。其一邑而私輯志稿凡四，且並為公修者遵式，實他邑所鮮見。

都昌置縣於唐武德五年，屬浩州；八年，浩州廢，改隸江州；大曆間，徙縣治於彭蠡湖東，改屬饒州。宋初屬江州，太平興國七年改隸南康軍。元屬南康路。明屬南康府。清仍明。

〔嘉靖〕都昌縣志

邵仍纂邵仍，字汝承，號雙磯，邑人，嘉靖元年舉人，授四川劍州知州，復補河南鈞州知州。

明嘉靖間稿本　　佚

【按】是志未見著錄。同治《都昌縣志》卷九文苑：「邵仍，弱冠治《周易》，有文名。膺嘉靖壬午鄉薦，復游南雍，潛心理學。授四川劍州知州，丁母憂，起復河南鈞州知州……辛丑致政歸田，杜門著述，蕭然自得。有私輯縣志稿藏於家，越二十五年而卒。」此志當纂於嘉靖二十年邵氏歸休家居之後，係私輯，未嘗梓行。

〔萬曆〕都昌縣志[1]

黃坤纂黃坤，號匯江，邑人，萬曆時以選貢授四川潼川府通判。

明萬曆間稿本　佚

【按】此志未見著錄，今據後志黃坤傳補錄。康熙縣志卷七孝節、同治縣志卷九孝友，俱立傳載黃氏事蹟，曰「本縣志書，曾私加編輯，亦大有裨於風教」云。後志又錄黃坤《經歸書院錄序》於藝文，此序撰於萬曆三年乙亥，亦黃氏休官家居時作。是志或亦纂於此年前後。

〔萬曆〕都昌縣志[2]

陳舜諮修　胡天祿等纂陳舜諮，號雲洲，湖廣零陵人，由恩貢萬曆三年來知都昌縣事，升惠州通判。　　胡天祿，號台岡，南直祁門人，監生，萬曆四年任都昌縣丞。

明萬曆七年（1579）刻本　佚

光緒《江西通志》藝文略：《都昌縣志》萬曆七年知縣陳舜諮修。

王世懋序都昌故無志，邑侯陳舜諮懼文獻無徵，遂屬僚佐胡天祿、陸天衢、學博汪應貞、易道原、施潔，考其地輿之廣狹，田賦之多寡，建置之因革，以及官師、族姓、蟲魚、草木、古今文藝之屬，凡有裨於民風治理者並得采而書之，為志若干篇，將謀諸梓以遺後人，而請序于余……（萬曆己卯）

【按】光緒通志錄作萬曆七年修，王世懋序亦作於此年。康熙、同治諸邑志之職官俱載陳氏後任知縣王天策到任於萬曆八年庚辰，是陳氏七年猶在任，與王序及光緒通志契合。但康熙縣志卷八藝文載有邑人詹全覺撰《（萬曆五年）陳侯去思碑》，所題

「萬曆五年」，當為康熙志纂者妄增。

〔明〕訂補（都昌）縣志

杜失名纂杜某，佚其名，邑人，貢生。

明天啟崇禎間稿本　佚

【按】崇禎《都昌縣志》陳嗣清序：「遂有意乎修之，遍為
諮訪，乃於杜貢生家得其私第訂補縣志一帙，適錢刑尊捐俸倡
始，托之輯錄，遂禮請二磯余先生取裁訂正……」余應桂序曰：
「乃於新開寺得縱觀陳父母之所集，大都仍杜貢元之草……」同
治縣志卷九儒林：「杜失名，天、崇時貢生，讀書好古，學不務
名，嘗私訂補縣志，藏之家塾，以待其人。」查後志，天啟、崇
禎兩朝邑貢生杜姓者，僅杜希中一人，字時之，崇禎五年貢生，
任新建縣學訓導。或即為是志纂人。此志未見著錄，其成稿之確
年亦不能指實。

〔崇禎〕都昌縣志十卷

陳嗣清修　余應桂纂陳嗣清，號澹庵，浙江歸安人，由恩貢，崇
禎四年知都昌縣事。　　余應桂，字孟玉，號二磯，邑人，萬曆四十七年
進士，官至湖廣巡撫、右僉都御史。

明崇禎六年（1633）刻本　未見

光緒《江西通志》藝文略：《都昌縣志》十卷崇禎六年知縣陳
嗣清修。

宋抱慈《兩浙著述考》：《都昌縣志》十卷明歸安陳嗣清撰。

陳嗣清序索舊志而閱之，因契然竊歎曰：此巨典也，而殘缺乃爾

耶。遂有意乎修之，遍為諮訪，乃於杜貢生家得其私第訂補縣志一帙。適錢刑尊捐俸倡始，托之輯錄，遂禮請二磯余先生取裁訂正，又屬諸薦紳共為參閱。凡一邑所繫至重者，尤必稽其事以核其實，類分條析，始於沿革，終於雜記，凡十卷。雖事實多仍舊志，而義例條格則劈畫維新。不佞每於申論中竊附己意，亦就事論事以擬議之耳……（崇禎癸酉春）

〔康熙〕都昌縣志十卷首一卷

曾王孫　康烈修　徐孟深等纂曾王孫，字道扶，浙江秀水進士，初授漢中府司理，康熙十六年改補都昌知縣。　康烈，字藎臣，陝西監貢，康熙二十四年知都昌縣事。　徐孟深，字邃友，邑人，康熙二十年舉人。

清康熙二十五的（1686）刻本　闕

清康熙三十三年（1694）補版重印本　存

光緒《江西通志》藝文略：《都昌縣志》康熙二十五年知縣康烈修。

《中國地方志聯合目錄》。

徐孟深序我都邑肇自南唐，前此並未有成書，而志則昉於明之萬曆，邑侯陳雲洲得邵雙磯、黃匯江遺稿，為之創始。越五十餘年，崇禎時陳侯澹庵為之集其成，於是義類著、事類彰焉……逮康熙二十有二年，西南烽火已靖，屢奉上催修纂，邑侯曾用是擇吉開局，禮請諸耆宿從事，而屬深以責。辭不獲命，乃與二三同事即舊篇而聯屬之，再逾月而稿成呈削。逮甲子北上，乙丑南旋，而稿已付梓矣。其中事類未悉改正，而曾師台以內擢行，仍以未成之帙屬深終事焉。自夏逾秋，復經數月乃得成書……是役也，予奪進退惟曾師台主之，刻意求成實康父台終之，而周祖

台復詳加裁正焉……（康熙二十五年七月既望）

　　吳邦憲跋丙寅至今未及數載，乃稽其犂棗，已失四十版……予縱未能搜羅遺典，增輯續貂，然舊版遺亡，不惜捐俸以補刊焉……（康熙三十三年閏五月）

　　【按】是志初刊於康熙二十五年。不數年，其版已殘佚四十板，康熙三十三年，知縣吳邦憲補雕其闕板，重為刷印，書首增吳氏跋文一篇，書中內容悉無增損。吳邦憲號式平，浙江山陰人，康熙三十二年來知縣事。此志分封域、規建、賦役、學校、典禮、秩官、人物、藝文、雜記九門，而以兵防入規建，兵寇入雜志，科目、貢選入人物，不另立武備、選舉門。同治縣志凡例曰：「道光癸未重修亦謂徐志不足徵信，除山川人名外，概難仍舊，然格式特異，而舛訛相沿，究未敢以為依據。」《續四庫全書提要》則曰：「其沿革有分紀，有總紀。其總紀則合四縣，通考自三代以迄清初，俱編年大書，諸所採錄，悉本史鑑。若縣志，則從分紀。殊為有法。其規建志即建置志，附有恤政一目，驟視似覺不類，考其內容所紀，有義倉、養濟院、義塚、惠民藥局等，與建置實皆有關，未可以附非其類視之也。其學校志，所載祭器、書籍、射器、學田皆極詳。惟此外各門則甚簡略，清初邑志大多類此，未可苛責也。」

〔乾隆〕訂補（都昌）縣志輯略十六卷

　　劉篆龍纂劉篆龍，字興仲，號省堂，邑人，乾隆十八年舉人，任江浦知縣，著有《周易過庭習略》四卷、《讀三國史》、《意窺瑣言》等。

　　清乾隆六十年（1795）稿本　佚

【按】此書未見著錄，同治邑志狄學耕序、黃昌蕃跋及儒林傳中有記載。狄序曰：「鄉先輩劉豢龍先生以名孝廉作宰江浦，平日留心掌故，著述等身，有擬志稿一部，條分縷析，綱舉目張，未經刊刻，傳諸其家，傳諸其塚孫，俾是書不致泯沒。即奉為楷模。」黃跋曰：「我都舊志昉於明之萬曆，陳侯雲洲得邵雙磯、黃匯江遺稿，為之創始。崇禎辛未再修於陳侯澹庵，亦本於杜貢元之草而潤色之。是明代修志，未嘗不本私輯者為權輿也。入我國朝，康熙癸亥徐孝廉孟深纂後越百有餘年，劉大令豢龍網羅放失，辨正舛訛，為作《訂補縣志輯略》，其稿經十年而始定……適劉省堂豢龍之孫典安屬其族人飛熊以《訂補輯略》全稿來局，蕃既加披閱，呈正狄侯，商諸同事，均以為搜羅宏富，考訂詳明，可為圭臬。」同治縣志儒林劉豢龍傳曰：「復留心縣志，遍歷本邑山川，兼搜群籍，稿初成，以疾卒，其自序云：一息尚存，此志不容少懈。」同治邑志凡例稱劉氏《訂補輯略》十六卷，成於乾隆六十年乙卯。今閱同治邑志，見標有「劉稿」字樣者比比皆是，知「奉為圭臬」洵非虛語也。

〔道光〕都昌縣志三十二卷首一卷

曹人傑修曹人傑，貴州貴築進士，道光二年知都昌縣，十九年復任。

清道光三年（1823）刻本　存

光緒《江西通志》藝文略：《都昌縣志》道光三年知縣曹人傑修。《中國地方志聯合目錄》。

【按】是志區為三十二門，為星野、沿革、形勢、城池、山

川、水利、學校、公署、書院、田賦、風俗、土產、兵衛、武事、關津、驛鹽、古跡、封爵、秩官、選舉、名宦、人物、寓賢、列女、仙釋、方伎、祥異、祠廟、塋墓、寺觀、藝文、雜記。同治縣志凡例指其綱目混淆，曰「遂至城池之後附詳疆域，祥異之中並及耆壽，如此類者甚多」。又指其疏略，曰「儒林仕績，於本朝並止兩人，脫復憚於采輯，一邑之大，二百餘年之久，不亦黯然無色耶」。又指其訛舛，曰舊志有訛麒麟山為馬麒麟山，訛御亭為御碑亭，彭尋於理學而訛為馮尋於科目，如此之類，指不勝屈，癸未志全未更正，但有訛益加訛者。同治狄序謂道光志「所載一切簡略，四境及城圖說未備，豈因陋就簡尚為未定之本耶」。

〔同治〕都昌縣志十六卷首一卷

狄學耕修　黃昌蕃纂狄學耕，字曼農，江蘇溧陽廩貢生，同治七年知都昌縣，調署進賢知縣。　　黃昌蕃，邑人，拔貢，靖安縣學教諭。

清同治十一年（1872）刻本　存

《中國地方志聯合目錄》。

黃昌蕃跋歲庚午，奉撫憲檄修通志，飭府廳州縣咸增訂舊志，以備採擇。邑侯狄曼農先生會集紳士議擇典修，乃聘劉主政庭輝為總纂，而蕃忝在分纂之列……未及月餘而劉君謝世，狄侯遽以總纂屬蕃……是方慮前志疏略，無所秉承，適劉省堂燾龍之孫典安屬其族人飛熊以《訂補輯略》全稿來局，蕃既加披閱，呈正狄侯，商諸同事，均以為搜羅宏富，考訂詳明，可為圭臬。於是因劉氏之體裁，辨疑征信，承狄侯之指示，補漏增新，凡為志，為表，為傳，附以雜記，共若干卷，逾期而後竣事……（同

治十一年孟秋月）

　　【按】同治九年庚午，擬修贛省通志，檄府縣各修志以備採擇。檄下都昌，邑令狄學耕請邑紳劉庭輝為總纂。未及月餘，而劉氏謝世，復以黃昌蕃主其事。乃以邑人劉豢龍乾隆末所成志稿為藍本，而稍加裁酌，於同治十一年秋鐫板告竣。志凡十六卷首一卷，卷首凡例、繪圖，卷一封域志（星野、沿革、疆域、形勢、山、川、名勝、氣候、風俗），卷二規建志（城池、署廨、亭館、倉庫、壇廟、街巷市埠、坊塔、橋渡、水利、恤政、郵遞、都圖鄉社），卷三官師表、雜授表、名宦傳，卷四選舉表，卷五食貨志（戶口、田產、耗羨、起運、經費、解支、雜稅、存留、鹽鈔、物產），卷六學校志（教條、廟制、祭器、典籍、學額、學基、學產、書院、社學、義學），卷七典禮志（秩祀、公儀），卷八武備志（營汛、武事），卷九卷十人物志（理學、名臣、儒林、仕績、孝友、忠節、武勳、文苑、處士、義行、善良、耆壽、方伎、寓賢、賢母、賢婦、孝女、孝婦、貞女、烈女、烈婦、節婦、壽婦），卷十一至十五藝文志（文錄、詩錄、賦錄、書目），卷十六雜記（古跡、祥異、封爵、軼事、仙、釋、寺觀、塋墓、原序）。此志門類以劉豢龍《稿》為圭臬，唯兵防原屬規建，酌另提出為武備志，其雜誌中之武事改附營汛，合為一卷。此志初成，以纂修之未善，以致聚訟紛紛，至同治十三年，新任知縣何慶朝乃再加確訪，正訛補遺，重付剞劂，是為光緒何志。

〔光緒〕都昌縣志十六卷首一卷

何慶朝修何慶朝，廣東香山舉人，同治十三年知都昌縣。

清光緒二年（1876）刻本　存

何慶朝《補刊縣志記》同治甲戌秋，余承乏斯土。甫下車，邑紳羅文藻、吳大椿、吳其柄等以補刊縣志請。既而摘其訛謬。條分縷晰，達之大府，行令由縣更正。爰檢閱案牘，訪察輿情。縣志成於狄前令學耕，秉筆者為拔貢黃昌蕃，迄今已將四載矣。蕃亦自悟其失，顧備錢民貲……越乙亥，公餘稍暇，將從事於鉛槧，適周令長森以襄辦省志局務奉檄來此，速其成。遂相與慎評衡，嚴考核，昭激勸以協眾情，剖是非而持公論，非載在讞案概不與聞，並延優貢生秦鼎升、廩生余化鯉再加確訪，正其訛謬，遺者補之，其不符體例及茫無實據者刊之，悉心校對，重付剞劂，匝月告成，都人士乃相說以解。雖然，猶有說。當縣志之初成也，散之城鄉者計二百部之多。嗣以聚訟紛紛，咸悉纂修之未善。今日者使盡出其志，以補而刊之，則雖貽誤於前，尚可垂示於後。乃先後所繳僅四十餘部，逐條釐正發還，以備考證。其未經釐正之志書，作為廢紙，日後不得為據。如此則志歸畫一，不至有分異同耳……而事不失實，用釋群疑，庶可以杜爭端而弭後患……（光緒二年仲春）

【按】同治十三年秋，廣東香山舉人何慶朝由武寧移任都昌知縣，甫下車，即有邑紳以狄志纂修未善以至聚訟紛紜，請予刊正。何邑令乃於公暇考核評衡之，復延邑士子重加確訪，正其訛謬，補其遺漏，其不符體例及茫無實據者刊削之，重付剞劂，告成於光緒二年春。原刻本散之城鄉者二百部之多，僅收繳四十餘部，釐正後發還；凡未經釐正之本，作為廢紙，不得引以為據。光緒本之於同治本，牌記仍舊作「同治壬申增修，都昌縣志，二

西堂鑴」，卷首狄序後增何慶朝《補刊縣志記》一篇，書中內容則有增、有改、有刪。其增者，如卷四選舉表二末增陳達善等三人，卷六廟制書院之義學目增「丁團義學」內容七行，卷九人物門忠節目增余鵬傳四行，處士目增吳言褒、劉重光二傳，善良目增杜峰傳，殉難目增「同治二年隨團力戰陣亡勇丁以及從九監生附生」共二千零八十二人，壽婦目增黃王氏等三人。其改者，如同治本選舉表一以時代為經，以進士、鄉薦、征辟、武科為緯，分欄列為表格；光緒本則先分征辟、鄉薦、進士、武科進士、舉人、武科舉人、貢生諸科目，各科目再依時序記其內容，不作表格形式。其刪者，如光緒本刪選舉表三封贈、蔭襲，又人物門各類目中除仕績之邵孟峻傳、曹履泰傳、忠節之袁嗣傑傳等有文字刪節外，有全傳刪除者，如孝友目刪郭益堅傳、余桂林傳，並注云：「查郭益堅係生員郭映青之子，是否孝友，自有公論，惟以父為子立傳，嘖有煩言，既據郭映青具結稱自願刪除，毋庸登載，准其照刪。」「余桂林果否孝友，姑不具論，第為生人立傳，與體例不符，奉憲刪去。」又處士目刪黃樹德傳，善良目刪郭世若傳，復按云：「黃樹德一傳，既據紳士保結，似應照舊，第當時秉筆者為黃昌蕃，以子為父作傳，究非公論，奉憲批飭刪去，特識之。」此類全傳刪除者，蓋即同治本聚論紛紜以至作為廢紙並重新刊改之緣由。《聯合目錄》但錄同治年所修者，無此本，今補錄之。

▶ 永修

　　永修縣原名建昌，民國初始改用今名，故舊志皆以建昌名之。今錄得此邑舊乘六種。《輿地紀勝》所引《舊記》，係宋以前修本，確年無考。明有天順、萬曆二志，僅萬曆志存，然非完帙。清康熙、道光、同治三志，今俱存。此外，光緒末，知縣譚鴻基、邑優廩生吳士仁修有《建昌縣鄉土志》十二卷首一卷，光緒三十三年刻行，今有存本行世。據譚序及例言，此書乃遵學部檄修，以備編輯蒙學課本之用，以地理、歷史、格致三大端為方針，分之為十二門，總計子目四十有五。清末民國間有興修鄉土志之舉，各地有成書多種，以其多為蒙童讀物，且有以韻語足成者，本書例不著錄，謹附記於此。

　　東漢永元十六年，析海昏縣置建昌縣，以戶口昌盛，因以為名，屬豫章郡。南朝宋元嘉二年，廢海昏，移建昌居之。梁太平元年，置豫寧郡，屬高州，建昌隸焉。隋罷豫寧郡，以建昌隸洪州。唐武德五年，於建昌縣置南昌州總管府，領建昌、龍安、永修、新吳四縣；八年，州廢，諸縣皆省入建昌，屬洪州。宋太平興國七年，建昌縣自洪州改隸南康軍。元元貞元年，升縣為建昌州，屬南康路。明復降為縣，屬建康府。清仍之。民國三年，改縣名為永修。

（建昌）舊記

　　佚名修纂

　　修纂年不詳　　佚

　　《輿地紀勝》卷二十五，南康軍，景物下_{赤烏觀}，引《舊記》一條。

　　《江西古志考》卷四：《（建昌）舊記》_{佚卷數、撰人。未見著}

錄。按：建昌自東漢置縣以來，至明已歷千二百餘年，未曾廢絕。邑當有乘，然今見著錄者，莫先於明天順《建昌縣志》，此前俱闕如。今得《紀勝》引斯邑《舊記》一條，成書應遠在宋嘉定之前。雖殘文斷簡無以資考證，庶可補明以前建昌佚志之闕矣。

〔天順〕建昌縣志七卷

張浞修張浞，浙江慈溪人，監生，景泰元年自深澤、松溪二縣調補建昌縣教諭，天順六、七兩年署縣事。

明天順六年（1462）稿本　未見

【按】是志未見著錄。同治邑志卷首歷修姓氏：明天順六年壬午，教諭署知縣事張浞，著草稿七卷，未成。康熙、同治縣志俱有張浞傳，曰：「本縣天順六、七兩年缺令，擬浞署縣事，故修志而令不預名。今止存七卷。其自敘宋祭酒文靖公恣之後及家世簪纓之盛云。遷升無考。」同治志引有此稿內容。

〔萬曆〕建昌縣志十卷

蒲秉權修　徐中素纂蒲秉權，字平若，永明人，萬曆四十一年進士，四十二年知建昌縣，升吏科給事中。　　徐中素，邑人，萬曆二十三年進士，授山東兵備僉事。

明萬曆四十六年（1618）刻本　闕

光緒《江西通志》藝文略：《建昌縣志》二卷萬曆四十六年知縣蒲秉權修。謹按：天順六年教諭署縣事張浞著有志稿七卷，未成。

《中國地方志聯合目錄》。

蒲秉權序遂謀諸徐、熊兩君暨朱國尉圖南，相與搜之故牒，參之近

事，獵其幽微，搜其放失，訂為邑乘，凡十卷，付之剞劂……

〔康熙〕建昌縣志十一卷

李道泰修　熊維典　袁懋芹纂李道泰，字薌思，泉州人，順治十八年進士，康熙八年知建昌縣。　　熊維典，字約生，邑人，崇禎四年進士，官兵科給事中。　　袁懋芹，字伯采，邑貢生，著有《東圃集》。

清康熙十四年（1675）刻本　存

清康熙間續修刻本　存

光緒《江西通志》藝文略：《建昌縣志》康熙十四年知縣李道泰修。

《中國地方志聯合目錄》。

熊維典序建昌縣志缺焉不修者垂六十年，會修通志，太守廖公聞奏、豫志良，購示屬邑，俾奉為式。邑侯龍潯李公謂志莫詳於縣，直道存焉，而焉以概式詳。於是就其陳編，微諸里社，而為之正謬芟燕，補遺發隱，於以考失得，昭鏡戒，期足以為邑人吏百年著龜，此其義例之精審……授梓既竣，見委序之……

【按】邑人熊維典序未署年月，志首又有李道泰序，自署康熙乙卯（十四年）孟秋。光緒通志及《聯合目錄》亦作康熙十四年。《續修四庫全書提要》則曰：「李序為刊於康熙十四年，而其官秩志之知縣，若丁秉剛則為康熙十五年到任，李先香為康熙二十三年到任；選舉志之鄉賓，載有呂利義，字子宜，康熙四十一年十二月，朝議大夫九江府同知攝建昌縣事陳天棟詳請之。則是曾經後人繼增而未著明者，故此志究否康熙十四年所刊，頗有疑問。」今得見臺灣成文出版社一九八九年影印本，題為「據清

李道泰、袁懋芹等纂修，清康熙十四年刊本影印」。此本字跡漫
漶，殘闕不能辨讀處多有，今檢其官秩、選舉諸卷，其記事最晚
者，知縣丁秉剛，康熙十五年任；儒學職名目，藺起元，康熙乙
丑（二十四年）任（未詳何職）；教諭徐洪澍，康熙辛酉（二十
年）任；訓導鄭處實，康熙癸亥（二十二年）任；選舉之武科，
陳垣，康熙辛酉（二十年）；歲貢，李聯震，丙辰（十五年）；
選貢，艾菁，乙丑（二十四年）；橡吏，杜愈臻，康熙辛酉（二
十年）。以上所舉最晚者為康熙二十四年，較《續四庫提要》之
四十一年為早，李先香、呂利義二人不見載於此本，或為成文本
殘缺所致，或《續四庫》所據與成文本並非一本，今無以確斷，
亦不知《聯合目錄》所錄三處藏本是否確係康熙十四年原刻。此
志分門為八，曰輿地、建置、賦役、官秩、選舉、人物、方伎、
藝文，又各繫以子目。《續四庫全書提要》評曰：「其子目，建
置既列公署，又列衙舍，實為分不應分。且武備未有一字之著，
賦役之簡略尤屬可哂，輿地沿革不知列表，皆為此志之病。」「惟
其物產，皆加說明，頗為可取……不可以其他各門之陋而即忽
之。」道光縣志狄絅尚序曰：「知縣李道泰因仍增修，藉以不
墜，其各門小序言簡意賅，辭淡旨遠，誠得史論之長。但沿革雜
舉官制，蔭封混乎官秩，體既不合，擬亦非倫。他如寓賢概列私
賓，家塾竟入書院，繁稱釋氏，淆載古跡，卷頁則各部不同，篇
什則次第不續，凡此種種，既難信今，豈足傳後，於憲章典故所
不能無憾者。」

〔道光〕建昌縣志十卷首一卷

馬旋圖修　郭祚熾纂馬旋圖，甘肅泰安舉人，嘉慶二十二年知建昌縣事。　　郭祚熾，號筠池，邑人，乾隆二十六年進士，授通政司經歷。

清道光元年（1821）刻本　存

光緒《江西通志》藝文略：《建昌縣志》道光元年知縣馬族圖修。《中國地方志聯合目錄》。

馬旋圖序予以嘉慶乙亥館綏艾城，皇然未識其所措。今既歷三載……夏間，賢郡伯狄公興廢舉墜，念及郡志，檄行四屬先修邑志，以供採取。邑人士推郭筠池先生為纂輯，舉詳於考核者若而人，明於體裁者若而人，長於斷制者若而人，四越月而稿成……

狄尚絅序建昌郭筠池先生以高年博學為纂修，參考諸書，間采舊聞，分為八綱，各例條目，……梓既竣，書此序之。

〔同治〕建昌縣志十二卷首一卷

陳惟清修　閔芳言　王士彬纂陳惟清，號洛東，廣西桂平廩生，同治九年署知建昌縣事。　　閔芳言，字蘭仲，邑人，道光二十三年舉人，金溪縣學教諭，武寧縣學訓導。　　王士彬，號林川，邑人，刑部候補主事。

清同治十年（1871）刻本　存

《中國地方志聯合目錄》。

陳惟清序庚午五月，敬奉上憲札催，商諸孝廉閔蘭仲、比部王林川，邀集鄉紳，醵金設局，詳加採錄，彙集編次。辛卯三月，是書始成……（同治十年三月）

【按】此志十二卷首一卷。卷首載志序、舊序、歷修姓氏、新修姓氏、凡例、目錄、圖、上諭。志分為十門,為地理、建置、食貨、學校、武備、職官、選舉、人物、藝文、雜類。其凡例曰:「省局頒示體例,除各門所附不計外,總分十綱五十四目。檢查邑志,數多不符,體亦不備,其各門小序仍舊可用者只十之三,闕者十之七,俱遵照定例逐門補作。」

▶ 武寧

茲錄武寧舊志十六種,以明永樂間縣丞鄭觀所撰為先。此前當有志,毀於元末兵燹,今無以考知。所錄明志八種,今僅存嘉靖四十一年知縣吳思齊修本。清志亦八種,存五種。一邑文獻,其亦稱備焉。

唐長安元年,分建昌縣地置武寧縣,景雲元年改名豫寧,寶應元年復名武寧,屬洪州。宋,武寧縣屬隆興府。元至元中,置寧州,領武寧、分寧二縣;大德間,徙寧州治分寧,武寧直隸龍興路。明武寧縣,屬南昌府。清仍明。

〔永樂〕(武寧)圖志

鄭觀纂鄭觀,福建人,永樂間任武寧縣丞。

明永樂間稿本　未見

【按】成化《武寧縣志》馮琦序:「《圖志》出永樂間,縣丞鄭觀所草創,未及授梓,中多謬脫。」又楊廉序:「四明馮公潤卿視篆,來詢訪舊志,僅得永樂間草創繕本……頗失精詳。」同治縣志卷二十一名宦:「鄭觀,福建人,永樂間丞。時武寧志毀

於元末兵燹，宋元人文漸滅殆盡，觀戚然感傷，遍訪學人殘編及故老傳聞，葺為草本，邑之遺緒賴以少存，觀功為多。」武寧置邑於唐，本有圖志，毀於元末兵燹，鄭觀修葺於永樂間，未及付梓，成化修志時草本尚存，此後則未之聞。此志未見著錄，僅得後志記載，聊以補錄。鄭觀之前有志，今無以考稽。

〔成化〕武寧縣志八卷

馮琦修　楊廉　殷緝纂馮琦，字潤卿，鄞縣人，由舉人成化間知武寧縣。　　楊廉，字方震，豐城舉人，官至南禮部尚書，諡文恪，人稱月湖先生。　　殷緝，邑人，天順六年貢生，官廣東海北提舉，貴州安順州知州。

明成化二十二年（1486）刻本　佚

光緒《江西通志》藝文略：《武寧縣志》八卷成化二十三年知縣馮琦修。謹按：琦序云，永樂間有《圖記》，為縣丞鄭觀所草創，未及梓。弘治甲子，縣丞易榮補之。

楊廉序四明馮公潤卿視篆，來詢訪舊志，僅得永樂間草創繕本，慨然有修復之意。乃走使豐城，俾廉執筆從事。廉既至，于草繕原帙細核之，頗失精詳。訪以故老之傳聞，參以舊家之譜牒，而質以豫章、一統諸圖志，芟其荒謬，整其紛亂，研精三月，始克就緒……志凡八卷，卷首弁之以圖，其門各有義例，覽者當自得之。

【按】是志有馮琦、楊廉、殷緝三序，存康熙以後各志中，楊、殷二序未署年月，馮序署為成化丙午（二十二年）端陽後二日。光緒通志作成化二十三年，或誤。

〔弘治〕武寧縣志八卷

易榮修　陳通　沈秀纂易榮，湖南人，弘治十五年任武寧縣丞。陳通，仙居人，武寧縣學教諭，成化間來任。　　沈秀，錢塘人，太學生，弘治間任武寧縣學訓導。

明弘治十七年（1504）刻本　佚

沈秀序弘治壬戌秋八月既望，二尹衡山易君榮始來任，惟時首令下獄，君即領其事，於茲二年，政通人和，百廢俱興，可為良有司矣。其於縣志之修，尤加意焉，顧乃不敢輕舉，只因其舊而增其新者，何哉？以一事之動，民力民財系焉，與其改作勞民傷財，孰若因舊價廉而工省之為愈也……（弘治十七年閏四月）

【按】是志之修，上距成化志僅十有九年，為省工而廉價計，未重予更張，只因成化志之舊而增以新事，其卷帙篇目當與成化志無異。

〔嘉靖〕武寧縣志[1] 六卷

唐牧修　徐麟等纂唐牧，字世惠，上海人，監生，國子典簿，嘉靖間知武寧縣。　　徐麟，閩縣舉人，嘉靖間任武寧縣學教諭，升合浦知縣。

明嘉靖二十二年（1543）刻本　未見

光緒《江西通志》藝文略：《武寧縣志》六卷嘉靖二十二年知縣唐牧、教諭徐麟、訓導潘懷同修。

陳深序唐君世惠來知是縣，禮聘學諭徐君麟修成此志，凡若干卷，提綱緝目，煥然可述……（嘉靖二十二年夏五月朔）

【按】是志纂年，萬曆四年胡志李士振序、盛廷贊序，並作嘉靖癸卯，光緒通志亦錄作嘉靖二十二年。同治縣志卷三十藝

文，有邑人潘槐《敬一亭並名宦鄉賢祠記》文，後有邑人盛宗齡
按語，曰：「比今歲，縣侯周公道昌仰承郡守德意，增修邑乘，
乃搜羅遺志，得嘉靖二十五年縣侯唐公牧舊志一本。」知唐志萬
曆周道昌修邑乘時尚存。然記作二十五年，蓋誤。又光緒通志
「訓導潘懷」，應作潘槐，邑人，嘉靖間選貢，任平海衛訓導。

〔嘉靖〕武寧縣志[2] 六卷

　　吳思齊修　朱安邦纂吳思齊，福建侯官人，舉人，嘉靖間知武寧
縣，升饒州通判。　　朱安邦，浙江山陰人，貢生，嘉靖間任武寧縣學教
諭。

　　明嘉靖四十一年（1562）刻本　存
《中國地方志聯合目錄》。

　　朱安邦跋昔歲癸卯，武寧志成，距今二十年。予宦蒞於斯，乃復閱
斯志，遂襲其故而輯其新，爰為續紀之焉……

　　【按】嘉靖二十二年唐志後二十年，有此志之修，僅續入二
十年來新事，其餘則仍其舊貫，陸深、唐牧二序仍舊，書末增朱
安邦跋文一篇。卷一輿地，卷二至卷四官政，卷五人物，卷六雜
誌。由此志可窺知唐志原貌。

〔萬曆〕武寧縣志[1] 六卷

　　胡東陽修　李士振等纂胡東陽，字升之，號寧江，四川建昌衛
人，由歲貢隆慶五年（一說六年）知武寧縣事。　　李士振，晉江人，隆
慶至萬曆初任武寧縣教諭。

　　明萬曆四年（1576）刻本　佚

光緒《江西通志》藝文略：《武寧縣志》六卷萬曆四年知縣胡東陽修。

李士振序隆慶壬申，西蜀胡公來蒞茲邑……迄今四載……獨以志為缺典，請於上，禮聘邑人主簿吳祐、教授盛君廷贊、舉人方君繼懋，屬士振與司訓伍君益達、生員潘大謀、吳宗周、張機、潘策任其事，乃重加修葺，旁搜博訪，鳌綴成編……凡六卷，為綱四，為目三十有六，皆沿其舊，而公重加校正焉。因命梓行，以識永久。刻既成……（萬曆四年夏六月）

【按】此志未見著錄，後志中載有李士振、盛廷贊序，又有胡氏後任邑令高燧跋，其略曰：德明甫退然齋居，所為《武寧志》，井井可觀，獨以風俗為憾，而文不雅馴，頗深惜之。

〔萬曆〕武寧縣志[2]

周道昌修　陳一泰等纂周道昌，全州舉人，萬曆三十五年知武寧縣。　　陳一泰，字安宇，邑人，萬曆十六年歲貢，任大庾縣訓導，遷瑞州教授、廣東博羅知縣。

明萬曆三十八年（1610）刻本　未見

光緒《江西通志》藝文略：《武寧縣》萬曆三十六年知縣周道昌修。

林文昇幕邑侯周君道昌虞其久漸湮泪，後無所征，乃進邑之文士陳一泰、陳龍、黃時習、盛宗齡輩，往復訂證，匯輯詮次，凡若干卷。帙成未鋟，君以遷秩去。昇不佞，奉命代庖……出微祿剞劂之，刻成，為之記歲月以告來者……（萬曆三十八仲夏月）

【按】是志又有張茂柏、胡三策二序，茲略。光緒《通志》

錄作三十六年，林、胡二序俱署為三十八年仲夏，通志誤。知縣
周道昌修之成帙，署知縣林文升捐貲授梓以竟其事。林文升，南
直隸太平人，以都事署知縣事，其功不可沒，當有以記之。

〔崇禎〕武寧縣志

　　寇可教修　余學優等纂寇可教，字宅盧，號圖雲，湖廣應城人，
萬曆三十年舉人，崇禎間知武寧縣，累官陝西右參議兼僉事。　　余學
優，邑人，崇禎六年舉孝廉。

　　明崇禎七年（1634）修本　未見

　　光緒《江西通志》藝文略：《武寧縣志》崇禎七年知縣寇可教修。

　　陳璉序邑乘遭毀，版圖多廢，岩嶼掩匿，文獻遺亡，識者恨焉。會
邑侯寇圖雲公綣綣於茲，令庠生余學優補修一帙……（崇禎甲戌仲夏）

　　【按】此志果否梓行，後人說法不一。康熙縣志馮其世序
曰：「明末寇君可教任茲邑間，嘗補葺是書，綽苦心手，旋以內
擢去。而寇君余同郡也，寇君抱志未逮，予繼其役，實非越疆，
蓋亦後先相須，若有待今日者。」似寇志未竟。然盛士潔序則
曰：「崇禎七年甲戌，縣侯寇可教、生員余學優、吳道行、陳文
輝又從而補葺焉。乙酉罹闖寇，志版火，順治辛丑……得一帙，
字葉殘缺。」似此志已鋟刻，版毀於兵火，順治間嘗得其殘帙。
今不能遽為剖斷，識此以俟考。

〔康熙〕武寧縣志十卷首一卷

　　馮其世修　汪克淑等纂馮其世，號際生，湖廣德安府雲夢人，恩
貢，順治十八年知武寧縣。　　汪克淑，字汝止，邑人，康熙三十六年歲

貢。

清康熙六年（1667）刻本　存

清雍正三年（1725）補版重印本　存

光緒《江西通志》藝文略：《武寧縣志》十卷康熙五年知縣馮其世修。

《中國地方志聯合目錄》：《武寧縣志》十卷首一卷清，馮其世修，汪克淑等纂。清康熙五年刻本，清雍正三年修鋟本。

盛士潔序順治辛丑，縣侯馮其世下車，問志事，得一帙，字葉殘缺。康熙五年丙午春，侯捐俸復修，命生員汪克淑、盛彌顒、盛士潔、杜棟、逸叟張金學匯稿校正，授梓，計十卷四百葉，一十五萬字。纂集凡五越月，剞劂凡一載，大都事倍於昔，文增於舊……（康熙六年）

【按】是志始事於康熙五年春，是年冬成稿，知縣馮其世序焉，明年五月，刻工竣事，盛士潔序及書末《修縣志顛末》記之甚悉，《聯合目錄》作康熙五年刻本，未確。迨雍正初，已歷五十餘載，書板壞闕，知縣廖科齡於雍正三年為之補刊，恢復原刻舊貌，內容則無所續增。是志卷首載凡例、目錄、境內圖、九鄉圖、縣署圖、儒學圖及營署圖。志文十卷，卷一為建置沿革等十二目，卷二縣署等十六目，卷三山川脈絡等十目，卷四戶口、田賦，卷五秩官，卷六人物，卷七卷八文集，卷九詩集，卷十雜說集、歷修志序跋、奉修文移及修志顛末。《續修四庫全書提要》曰：「全書約十五萬言，不惟門類未備，記載亦極簡略，所繪各圖亦粗俗不堪入目，直可以帳簿視之，不足云著述也。全書無列傳，其卷六之人物，亦以進士、舉人、武舉、貢士、薦辟、儒行為類，列為表式，不為立傳，且序後加按語云：人物蓋舉一邑之

人而傳之也，然舉一邑人物傳之，則不勝其繁且濫，今自鄉先生德業文章堪為世表者約略紀之。故其人物之宜立傳者，皆於其名下略載數語，似尚簡而有法。按藝文不列書目，已屬非是。茲志不曰藝文，而名曰歷朝文集、歷朝詩集，尤屬不典。且濫收至三卷之多，幾居全書三分之一，則又無謂之甚者。」乾隆四十七年縣志梁鳴岡序稱此書「雜而不該，紛而無統」。張華甫後序亦謂其「存什一於千百，蓋亦簡矣，然猶幸有存焉者」。

〔乾隆〕武寧縣志[1]

劉宏略略修　張應遴等纂劉宏略，河南人，監生，乾隆十二年知武寧縣，十六年卸事。　張應遴，字可佩，邑人，雍正十年舉人。

清乾隆十五年（1750）稿本　未見

【按】同治《武寧縣志》卷首「前局修志姓名」，列有「乾隆庚午分修」張應遴等八人。乾隆四十七年梁鳴岡序及張華甫後序俱曰：「乾隆庚午，邑侯劉公志在修輯，未及梓而遽去。」乾隆二十一年縣志鄒應元序曰：「劉前任宏略雖奉檄與局，苟且踵襲，去取不嚴，任屬不一，卒無定本。」

〔乾隆〕武寧縣志[2] 三十卷

鄒應元修　盛大謨等纂鄒應元，字清源，號寶松，江蘇金匱縣人，進士，乾隆十六知武寧縣，二十一年卸任。　盛大謨，一名謨，字鬥挹，邑人，歲貢，官安義縣學訓導。

清乾隆二十一年（1756）刻本　存

光緒《江西通志》藝文略：《武寧縣志》三十卷乾隆十七年知

縣鄒應元修。

《中國地方志聯合目錄》。

鄒應元序應元不敏，因遍征通志藏書，故族舊乘，稽考先代遺人遺事，凡殘碑斷稿，及荒塚野廟之文，莫不披荊蹈險，收而有之，以供取資。而修治文藝，悉屬之明經盛君，陶潤以出。至於出入予奪，應元獨持其衡……始於壬申，終於乙亥。纂輯諸費，皆盧上舍鑛獨任之……（乾隆乙亥孟秋）

劉秉亮序武寧縣志，邑侯鄒公所修也。歲乙亥冬，亮來視學，而志適告成，命亮校閱……（乾隆丙子二月）

【按】此志之修，始事於乾隆壬申（十七年），稿凡屢更，板經數易，至乙亥（二十年）方迄稿，其梓工藏事則在二十一年，鄒、劉序述之甚悉，乃《聯合目錄》指為乾隆二十九年刻本，殊誤。乾隆四十七年縣志梁鳴岡序曰：「十七年壬申，邑侯鄒公復設局於余氏之賓竹堂，搜羅文獻，蔚然成集，旋以被控復毀。」同治縣志卷二十一宦跡：「應元至，竭力續纂，足稱完備，然卒以不協輿情，致滋指駁，再上不允，書遂廢，至今士林得其遺稿者猶寶貴之。」

〔乾隆〕武寧縣志[3]

宋調元修　湯大坊纂宋調元，江蘇元和人，貢生，乾隆二十一年知武寧縣，二十四年卸事。　湯大坊，南豐人，雍正五年進士，任武寧縣學教授。

清乾隆二十三年（1758）稿本　未見

【按】是志未見著錄。乾隆五十一年縣志卷首「三局修志姓

氏」，載有乾隆戊寅（二十三年）分修湯大坊。又梁鳴岡序曰：「邑侯宋公接篆於茲，歲丙子，再加編輯，甫脫稿，會宋侯以內擢部曹，未釐定而罷。」張華甫序亦曰：「及邑令宋繼至，稿亦成矣，卒遷沿以寢……」知是志稿已成，未及槧梓，宋氏遷官去，事遂寢。

〔乾隆〕武寧縣志[4] 三十卷首一卷

梁鳴岡　石贊韶修　楊光鬥　盛元績等纂　梁鳴岡，廣東嘉應州舉人，乾隆三十五年來知武寧縣，四十八年卒於官。　石贊韶，廣西義寧人，乾隆三十六年舉人，四十八年知武寧縣。　楊光鬥，字文雪，號冰園，邑人，乾隆三十九年舉人，著有《冰園文稿》行世。盛元績，字蒼林，號熙堂，邑舉人。

清乾隆四十七年（1782）刻本　未見

清乾隆五十一年（1786）續修刻本　存

光緒《江西通志》藝文略：《武寧縣志》三十卷乾隆四十七年知縣梁鳴岡重修。

《中國地方志聯合目錄》：《武寧縣志》三十卷首一卷梁鳴岡纂修，清乾隆四十七年刻本，存。

梁鳴岡序遂籌費設局，廣延邑多聞宿學諸君子分修總校，殫心一力，余以公餘得總覽大要，參與可否，折衷至當，其體裁一仿通志，編次成類……是役也，經始於己亥之春，告成於壬寅之夏，別為二十四門，釐為三十卷……（乾隆壬寅夏月）

石贊韶序入境考圖志，適前令梁公重修甫成……梁公極意修輯，於體裁記載固當，然或訛遺中而正與補之未盡，或繁簡中芟與增之闕疑，微

文考獻研之未精，於政治文章，恐無裨益我國家……今奉憲檄，嚴加磨勘。余即於簿書錢穀之暇，訪故老傳聞，參舊家牒譜，更核之豫章、一統諸圖志，與諸紳士細檢刻核至再三，章句字畫少有錯誤即釐正之，斯慎重昭而緻密得矣……余於梁公之邁觀厥成，而精詳更致，故篇目刊刻悉沿其舊，而重加研究，勸戒劃然……（乾隆五十一年冬月）

【按】是志梁序曰經始於己亥（乾隆四十四年）之春，告成於壬寅（四十七年）之夏。石序曰「篇目刊刻悉沿其舊」，石本卷首「修志職名」及各卷首頁均僅署梁鳴岡修，知四十七年志已付剞劂。《聯合目錄》僅著錄四十七年刻本，而不及石氏續書，稱有故宮、臺灣、武大藏本。今得見臺灣成文出版社影印本，實為石氏五十一年續修刻本，故宮、武大藏本是否四十七年梁氏原刻，亦頗可致疑焉。石序記續修事甚詳，考其書，記事最晚至乾隆五十年乙巳。梁序稱其書二十四門，續修本不改其舊，為星野、沿革、山水、城池、疆域、水利、土產、田賦、古跡、風俗、學校、武備、封爵、秩官、名宦、選舉、仕宦、人物、列女、寓賢、仙釋、祀秩、藝文、雜記。

〔道光〕武寧縣志[1]四十四卷首一卷

陳雲章修　張紹璣纂陳雲章，號秋河，福建莆田人，嘉慶十四年進士，道光二年知武寧縣。　張紹璣，字曙軒，號渾齋，邑人，由廩貢授訓導，厯署贛縣、餘干教諭，贛州府學教授。

清道光四年（1824）刻本　存

光緒《江西通志》藝文略：《武寧縣志》四十四卷道光四年知縣陳雲章修。

《中國地方志聯合目錄》。

陳雲章序會詔統一修志，大憲檄各屬纂修邑乘，為省志先事。既下商之紳士，咸曰諾。乃設局正誼書院，延邑中有學行者分纂校之任，以癸未二月始，越今歲六月書成……分為三十二門，釐為四十四卷……刻既竣，邑人士請余為序……（道光四年季夏月）

【按】《續修四庫全書提要》曰：「書分星野、沿革、形勢、城池、山川、水利、學校、公署、書院、田賦、風俗、土產、兵衛、武事、關津、驛鹽、古跡、封爵、秩官、選舉、名宦、人物、寓賢、列女、仙釋、方伎、祥異、祠廟、塋墓、寺觀、藝文、雜記三十二門，各門中亦間有附目，如星野門附氣候，城池門附有疆域、坊市、都裡、村莊，公署門附有倉儲、建置，兵衛門附有漕運，關津門附有橋、渡、亭，選舉門附有文秩、武秩、封蔭、訓科、訓術、鄉飲，名宦門附有宦跡，人物門附有善士，不為總綱以資統繫，故多不應分而分與附非其類之弊」，唯其搜輯尚富，亦頗嫻於考證。

〔道光〕武寧縣志[2] 四十四首一卷

李珣修　陳世馨等纂李珣，號琴山，雲南蒙自人，道光二十五年進士，二十八年知武寧縣。　陳世馨，字薦誠，號治香，邑人，嘉慶二十五年進士，歷任山西蒲縣、安徽歙縣、建平縣知縣。

清道光二十九年（1849）刻本　存

光緒《江西通志》藝文略：《武寧縣志》四十四卷道光二十八年知縣李珣修。

《中國地方志聯合目錄》。

李珣序歲戊申，大憲議修省志，檄各屬功捐。余乃以續修邑乘謀之紳耆……乃設局於上諭亭之右，延邑中學優品粹者共理焉。前志有缺者則補之，有略者則詳之，有譌錯者則更正之，體例條目胥仍其舊，新編入者凡數千言……五月之久告厥成功……（道光二十八年季冬）

張向鬥跋道光戊申，李侯琴山先生自南中來蒞茲土，是歲奉檄，有事於志書，越九月告成……門分三十二，卷分四十四，其文凡二十八萬八千八百有奇……（道光己酉季春月）

【按】是志張向鬥跋於道光己酉（二十九年），書中亦記有二十九年事（卷二十九秩官：知縣張鳴岐，道光乙未進士，二十九年三月到任署事），知是志刻竣在是年，《聯合目錄》作二十八年刻本。又卷首「修志職名」，以知縣李珣為纂修，以邑增生張向鬥為主修，蓋向鬥父子獨任修志一切資費，故爾。今不宜以主修視之。

〔同治〕武寧縣志四十四卷首一卷末一卷

何慶朝修　劉鎮等纂何慶朝，字鳳閣，廣東香山人，咸豐二年舉人，同治八年知武寧縣，十三年調知都昌。　劉鎮，邑人，同治十年進士，欽點戶部主事。

清同治十年（1871）刻本　存

《中國地方志聯合目錄》。

何慶朝序適中承劉公關心文獻，續修省志，飭各屬增修，以備采摭……遂設局於北門試院中，詳加採訪，延請品學優長者專司厥事，余亦時與參訂，分門別類，仿舊志而新增之，重付剞劂，凡七閱月而告成……（同治九年孟冬月）

　　【按】此書朱士嘉《美國國會圖書館藏中國方志目錄》《中國地方志聯合目錄》及《續修四庫全書提要》俱錄為同治九年刻本。今檢書中所記多有十年事，卷首「修志職名」有「分纂戶部主事劉鎮，進士」，卷二十二選舉中記劉氏同治十年辛未中進士，欽點戶部主事，知是志刻竣當在同治十年。本志凡例曰：「今復奉大憲議修江西通志，刊頒程式，體例稍為變通，飭屬一律增修，門類悉遵新式。」《續修四庫全書提要》曰：「無總綱以為統繫，一如李志，睹之似繁，而實尚未備也。又其育嬰堂、普濟堂，皆附於寺觀之下，實覺非類。考其寺觀中，列有旌義祠、忠義祠等，雜於三爺殿、仙姑祠之間，其不思已云甚矣。」

▶ 修水

　　修水舊乘，茲錄得十四種，今存者明志一種、清志四種。清乾嘉間有《艾國拾遺》一種，為訂補前志、續增新事之作，為後志所取資，雖無志書之名，要宜有以錄之。

　　唐貞元十六年，析武寧縣地置分寧，以縣分自武寧，故名，屬洪州。宋建炎四年，升縣為義寧軍，尋罷。元至元二十二年，置寧州，分寧屬之；大德八年，以分寧為寧州治。明洪武三年，改寧州為寧縣；弘治十六年，升縣為州，隸南昌府。清嘉慶六年，改寧州為義寧州，仍屬南昌府。民國二年，州廳皆改縣，因避廣西同名縣，易名修水縣。

（分寧）邑圖

　　佚名修纂

修纂年不詳　佚

《太平寰宇記》卷一〇六，洪州，分寧縣，引《邑圖》一條。

《中國古方志考》。

《江西古志考》卷四：《（分寧）邑圖》佚卷數、撰人。按：《寰宇記》引是書，稱作「邑圖」，疑非原名，原題似當作《分寧縣圖》，茲姑仍《寰宇記》引稱之舊。此圖當成於唐貞元十六年分寧置縣後，宋太平興國之前。

〔嘉泰〕修水志十卷

徐筠修徐筠，字孟堅（一作國堅），臨江軍清江人，淳熙十一年進士，慶元末以奉議郎知分寧縣，遷知金州。

宋嘉泰間修本　佚

《輿地紀勝》卷二十六，隆興府，景物下毛竹山；外邑詩蜀道稱天險；引《修水志》二條。

《直齋書錄解題》卷八：《修水志》十卷分寧宰徐筠撰。

《宋史藝文志》：徐筠《修水志》十卷。

《文獻通考》經籍考三十二：《修水志》十卷陳氏曰：分寧宰徐筠撰。

光緒《江西通志》藝文略。

《中國古方志考》。

《江西古志考》卷四：《修水志》十卷按：修水，源出於分寧縣西幕阜山，此以水名志。嘉靖《寧州志》龔暹序云：「（寧州）歷世久而載籍無稽，宋徐子筠始為《修水志》十卷，毀於兵燹。」

〔成化〕寧縣志四卷

蕭光甫修　龔章纂蕭光甫，福建莆田人，以舉人授四川潼川府學正，擢知安縣，成化十年知寧縣。　龔章，福建閩縣人，任黃梅縣訓導。

明成化間刻本　佚

光緒《江西通志》藝文略：《寧縣志》四卷成化中知縣蕭光甫修。

【按】嘉靖《寧州志》龔暹序曰：「成化中，縣令蕭君光甫，以黃梅縣博三山龔君章，纂為《縣志》四卷。」蘇祐序《修水備考》云：「寧，南昌屬州，在春秋為艾子之國，迄今數千年……其間人物故實無所托而傳與幸而存者凡幾，郡志附載莫可詳，州舊《志》四卷，又多遺謬，則寧在今日有缺典矣。」

〔正德〕修水備考二十卷

周季鳳纂周季鳳，字公儀，號來軒，邑人，弘治六年進士，歷官南京刑部右侍郎、右都御史，贈尚書，諡康惠，著有《來軒漫稿》《修江先賢錄》等。

明正德間稿本　佚

光緒《江西通志》藝文略：修江一作水備考二十卷弘治中邑人周季鳳修。

同治《義寧州志》卷二十九藝文：《修水備考》二十四卷周季鳳撰。

周季鳳序弘治己未，予為《修水備考》未就。東白張公聞之，走人假觀。明日以書來，云：燈下批閱，深得著述體，恨不得即與共成吾南昌郡志也……明年庚申，奉命慮囚湖南，公亦以憂歸。又明年壬戌春，見公

於洪都……遂以郡志四十有三卷送修，乃郡守祝瀚征儒生羅甫所為而梓行者，公已序其前矣……纂之垂成，俄升四川按察副使整飭建昌兵備，雖道路修遠，經歷險阻，莫不肅戒從者負之以行。無何，公即世矣。明年丁卯，予以孽瑾矯詔，敕還家。乃與二三同志議成其事，祈以告無罪於公。尋為同行者私持去，僅存其半，獨全者《修水備考》而已。撫卷間，道義一念，幽明兩途，得無有負乎哉。悲夫，公銳然領表章先獻，而予不能成之，且使已纂者廢缺，公之志荒矣，此予所以因命吏人譽寫予《修水備考》而益歎予之有負於公也……修水為郡屬州，《備考》其饋羊也，故特序東白之言於編首，以識予不敢終負之意。

【按】是書撰年，嘉靖《寧州志》龔暹序、道光及同治《義寧州志》及光緒《江西通志》俱稱作於弘治中，此後之著錄家皆相沿而誤。考周氏自序未署年日，云「弘治己未（十二年），予為《修水備考》未就」。其書寫定，在正德二年丁卯遭閹宦劉瑾「矯詔敕還家」之後。周氏自序其書，又當在劉瑾事敗伏誅（正德五年）之後，故序中得稱之為「孽瑾」。季鳳族孫期雍嘗持此書稿，囑寧州守陸統、南昌龔暹續為編茸，成嘉靖《寧州志》。期雍序嘉靖志云：「縣志止成化庚子，《備考》止正德丁卯。」龔暹序云：「《修水備考》，來軒公數十年精力。」是其書數十年之功，記事下迄正德丁卯，又序於正德五年之後，其不得稱「弘治中修」甚明。又書名《修水備考》，周序中屢稱之，光緒《通志》記為《修江備考》，非是。又同治州志錄為二十四卷，與龔暹序及光緒《通志》不合，不知是否別有所據。嘉靖二十一年江西按察副使蘇祐序《備考》曰：「余讀《修水備考》，見其為圖者一，為表者二，為志者五，為傳者十二，為文者四，有小序，

有贊，括以綱目，格以義例，蔚然成一家言而無難者，為寧信史無疑矣。」吳世忠《讀〈修水備考〉因書其後》云：「同年周君公儀創為《修水備考》，嘗試觀其草，類例精嚴，詞意忠厚，事關大務，其疑小者不書，前輩善行鋪敘無遺，其不善者自不可掩，所謂別善惡於渾涵，寓奇辯於平訥者，在斯志乎。」

〔嘉靖〕寧州志十八卷

陸統　萬民望修　龔暹纂陸統，字道夫，廣西平樂舉人，嘉靖十九年知寧州。　萬民望，字來蘇，湖廣黃岡人，嘉靖二十二年知寧州。　龔暹，南昌人。

明嘉靖二十二年（1543）刻本　存

光緒《江西通志》藝文略：《寧州志》十八卷嘉靖二十一年知州陸統修。

《中國地方志聯合目錄》。

龔暹序嘉靖庚子，予投閑寓京邸，大司寇泉坡翁屬余家乘，事竣，出《修水備考》示，欲終來軒公之所未集也。時翁疏休致，予在逆旅，既再四訂盟。越嗣歲壬寅五月，予家居，翁復致簡州守陸侯統，命使馳書幣相速以行。宿諾未酬而新命繼至，予何敢辭。按《修水備考》，來軒公數十年精力，授之於翁。凡就事紀事，不立條格，悉沿諸舊而續所未至。間有先後異同，蓋事以類宜，文以繁殺，皆翁所預裁之，前此郡守謝公存儒已序其概矣，今予特從而翻閱之耳。若校正，則郡博袁君大綸……梓成。暹恥也，徒館穀，奚庸為筆硯哉……（嘉靖癸卯五月既望）

【按】嘉靖中，刑部尚書週期雍欲終其族祖周季鳳來軒公所未集，以季鳳所撰《修水備考》稿，囑寧州守陸統、南昌人龔暹

續為編葺，成《寧州志》十八卷，列目四十有九，為建置沿革、秩官、仕進（含甲科、鄉貢、歲貢、蔭敘、薦辟、例貢、吏員、武冑、榮遇九小目）、星野、氣候、祥異、疆域、形勝、山川、陂塘、橋渡、物產、雜貨、職役、官署、學校、坊鄉、區市、街巷、崇表、防警、郵遞、驛傳、倉庾、城郭、陰陽醫學、僧道正司、巡檢司、廟祠、壇土遺、書院、庵亭、古跡、錫命、封贈、恩賚、丘墓、寺院、道觀、戶口、田賦、貢辦、課程、徭役、風俗、宦績、流寓、人物、藝文，除「仕進」統九細目外，其餘皆不設綱以為統轄。其體例大約沿《備考》之舊，由此志亦可知《備考》之大概。此志有龔暹、謝存儒序及週期雍、萬民望後序，又載《修水備考》周季鳳、吳世忠、蘇祐三序，今不能俱錄，僅摘其所述志書原委等足資考證者，餘皆從略。

〔萬曆〕寧州志八卷

楊維城　方沆修　周賁等纂楊維城，字子明，浙江湯溪人，舉人，萬曆十九年以靖安知縣升任寧州知州，在任四年。　　方沆，字子及，號訒庵，福建莆田人，由進士授雲南學使，萬曆二十二年謫知寧州。　　周賁，字彥西，號接瀾，邑人，歲貢，授弋陽縣訓導，升東流縣教諭。

明萬曆二十三年（1595）刻本　未見

光緒《江西通志》藝文略：《寧州志》八卷萬曆二十三年知州方沆修。

方沆序舊志作於嘉靖壬寅，年久世殊，紀載較略。遍纂志草，紀未竟。不佞蒙恩薄謫至，簿書期會之際，輒不揆固陋，取今昔志洎鄉獻周子

儀先生《修水備考》諸書，謀於幕僚柯君熹年、汪君世祐，稍為刪潤之，
凡八卷。其大綱有六，曰輿地，曰建置，曰典制，曰年表，曰列傳，曰藝
文。輿地之屬，為沿革，為形勝，為疆域，為總圖，為星野，為氣候，為
風土，為祥異，為山川，為土產。建置之屬，為城垣，為官署，為郵遞，
為倉庾，為坊里，為水利，而古跡、寺觀、邱墓並隸建置之下。典制之
屬，為學校，為禋祀，為戶口，為田賦。年表之屬，為官師，為選舉。列
傳之屬，為宦跡，為人物。藝文之屬，為詩，為文。其他諸目不能括者，
各以類附麗之。沿舊十之七，鼎新十之三。志成……是役也，始事於前守
湯溪楊君維城……（萬曆乙未端陽日）

　　周賁跋萬曆癸巳冬，州守楊侯雅志纂修，謀於學博，以餘耄年，閱
歷較多，屬以編纂之役。固辭勿獲，乃集舉貢庠彥三十餘人，開局於延安
寺，共事筆札，取其公而不私也。甲午仲春，集寺受事，旁搜博采。適歲
大比，諸彥迫於省試，約計偕行，潦草成帙，以獻楊侯。屬諸學博校訂
之，胥以公事未遑，遂舉余纂草，付剞劂氏。甫閱月，而侯以菜菲解組
歸，復屬二守黃公終其緒。梓人選之豫章，經費取諸笥庫。尋代覲北征，
則命余董匠，以底於績。刻成四之三，余亦稍助鋟梓之費。適莆田訒庵方
公以名進士由滇南學憲來蒞寧事，下車亟詢寧志，余遂以舊志並新刻若干
帙就正焉。公歎曰：……顧新志大體已完，惜乎精微未竟，是在不佞。於
是晝夜操筆，三越月而告成，冗者刪之，訛者正之，亂者次之，闕者補
之，立義定類，修飾潤色，體辨而意裁，事核而辭雅……（萬曆二十三年
夏五之吉）

　　【按】此地經始於州守楊維城，邑人周賁為纂輯，萬曆二十
二年開局，「潦草成帙」，刻成四之三，而新任州牧方沆至，重
加裁正潤飾，畢成全書。方序列其綱目甚詳，茲不贅。

〔康熙〕寧州志[1] 八卷

徐永齡修　徐名緯　陳欽殷等纂徐永齡，號遲生，正白旗遼陽人，康熙三年以蔭知寧州。　　徐名緯，號龍山，邑人，歲貢生，興國縣訓導。　　陳欽殷，字元生，號蔚庵，邑人，由歲貢授龍泉縣訓導。

清康熙四年（1665）修本　佚

光緒《江西通志》藝文略：《寧州志》八卷康熙四年知州徐永齡修。謹按：志成未刻。

徐永齡序適修葺文廟甫竣工，飲僚友學博暨諸子弟員於泮，而以邑志謀之……里中博士徐龍山名緯、明經陳蔚庵名欽殷者，多聞博記，堪勝斯任……余因索前守莆田方公名沆者萬曆乙未所修之本為式，理公癈毀殘之梓十之五六，采儒林寶蓄之編十之三四，命小吏錄之，二君刪繁就簡，諸同志互相考證。而事之在明乙未以前者益信而可傳矣。自明乙未至今六十餘年……乃旁搜遠訪，每得一人一事，必推求至確而始附傳焉，是事之在明乙未以後者亦不患其不信而不傳矣。逾半載，二君次第匯之，如舊分為八卷，以授余。余履閱之，修飾之，取甲辰歲新頒賦役一書編載之……今幸而有成矣……

【按】光緒《通志》按曰「志成未刻」。是志又有徐名緯、陳欽殷二跋，陳跋曰：「是書之成，意主求舊，其編次宜清也，其款式宜更也。時迫艱貲，有志未逮，不無厚望於繼此之纂修者。」是此志成而未刻，其編次、款式猶有須重加理董者，以時迫艱貲而未逮。而乾隆邑志陳昌言序則曰：「州侯徐公永齡倡議復修，爾時干戈甫定，經費維艱，不過因原版而重為翻刻，仍例續增。」據此，似徐志有刻本，說與光緒《通志》有異。今莫能

辨其孰是。陳跋又曰：「明季州守張公纂未竟，國朝州守張公、毛公、閔公、趙公咸欲竟厥緒，皆以事寢。」上舉諸守，後志或有傳，然均無修志之記載，今無以考知其詳。

〔康熙〕寧州志[2] 八卷

任暄猷修　彭璟　戴玉藻纂任暄猷，號美君，河南息縣人，順治十二年進士，授直隸永平府理刑，康熙十二年知寧州，升贛南道。　彭璟，字採石，大庾人，歲貢，康熙間任寧州學正。　戴玉藻，字雲章，撫州金溪人，舉人，康熙間為寧州學正，升知縣。

清康熙十四年（1675）修本　未見

任暄猷序余遷守於茲，撫字催科，殊為棘手。簿書之暇，即欲輯訂州志。適強藩跋扈，烽煙相望，草澤嘯聚之徒盤踞奉武，戰守捍禦，三載未艾，頗費籌畫。甲寅歲冬，乙卯歲夏，兩經兵火，一切案牘版籍，悉付秦炬，而州志斷簡殘編，幾不復問矣……即與二三同志互相考正，編輯紀載，修補殘缺……輯是書時，寇氛方熾，余守是邦，治賦而兼治戎，實不暇及此，幸學博彭君採石、戴君雲章、孝廉徐淮、明經陳亨嘉、弟子員姚修經……一時諸賢咸集，討論修飾有人，故能於軍興旁午之際考訂紀載，約略潤色之……

【按】此志未見著錄。後志舊修姓氏並列徐永齡、任暄猷所修為一志，云「其時稿成而未刊行」。二修前後相去十年，據徐、任序，是各自編葺，不相因仍，宜分別錄之。又徐、任二志纂輯者，或又參與庚申班志，其人固可以前後數任，其志則不可混淆矣。庚申志班衣錦序云：「前守得舊志於灰燼之餘，亟欲修之，時斥堠戒嚴，寇氛盤踞，未及恢復，雖弟子員姚修經為之草

創，而兵燹中之死孝死節者闕未及書，災異未紀，學宮、書院、橋樑、津渡之廢興以及方技、仙術、藝文俱未載籍。蓋非闕而不紀，萑苻未靖，津路雲封，即提示五父之衢不能通曉，而烽煙中之草創，事多散佚無考。」

〔康熙〕寧州志[3] 八卷

班衣錦修　戴玉藻　徐淮纂班衣錦，字尚卿，遼東廣寧人，由軍功授寧州知州，康熙十六年來任，升刑部員外郎。　徐淮，字叔青（一作淑清），邑人，康熙八年舉人。

清康熙十九年（1680）刻本　存

光緒《江西通志》藝文略：《寧州志》康熙十九年知州班衣錦修。

《中國地方志聯合目錄》。

班衣錦序前守（按：即任暄猷）得舊志於灰燼之餘，亟欲修之……而烽煙中之草創，事多散佚無考。爰亟謀諸學博戴君，提示鄉坊，博采失遺，核實彙編。且疇昔草創諸君，類皆宏通博雅，復延以致之，相與輯訂成帙，以副纂修巨典之購求……

【按】是志八卷，列為輿地、建置、典制、年表、列傳、藝文六門，各門下又繫以子目若干。乾隆《寧州志》刁承祖序云：「班牧衣錦復承檄纂修，不絕如線。丙申（康熙五十五年）蛟水為患，原版盡逐洪流。」

〔乾隆〕寧州志十卷

張耀曾修　陳昌言纂張耀曾，號榮閣，直隸河間府景州人，由貢

生以軍功授撫州府通判，雍正十年知寧州，乾隆元年調任泗州。　　陳昌言，字玉亭，號汪津，邑人，康熙間歲貢，任峽江縣訓導，著有《獵餘集》等。

　　清乾隆二年（1737）刻本　存

　　光緒《江西通志》藝文略：《寧州志》十卷乾隆二年知州張耀曾修。

　　《中國地方志聯合目錄》。

　　陳昌言序雍正十三年，制台趙公檄取各屬志書，凡有廢墜未輯者行令修補。州侯張公嘗集紳士謀之焉，無成。是歲冬杪，言從白下歸，晉謁州侯，即鰓鰓焉以志事相屬……乃於乙亥夏卜館延安精舍……閱三月而稿成，呈政於當事並質於同人，其中果有二三不愜私意者，稿未及脫而謗興矣。嗟去，誠余之罪也夫。遂置而不顧，復為金陵之遊。期年還裡，復荷大方伯刁公飭州核實呈覽，州侯遵即翻閱訂正，呈請校定，授言鋟梓……於是挈稿還鄉，開局纂修，復加考訂……卒成之。越歲者三，開局者二，列綱有八，分卷為十，目計六十有四……（乾隆丁巳菊月）

〔乾隆〕艾國拾遺二卷

　　劉顯祖纂劉顯祖，字穎宏，號寧拙，邑人，雍正十年舉人，著有《北游紀程》《松下史談》等。

　　清乾隆五年（1740）修本　未見

　　光緒《江西通志》藝文略。

　　【按】同治義寧州志卷二十三文苑，有劉顯祖傳，云：「蔣太史士銓敘其《集》曰：『寧拙之文議論馳騁橫絕似老蘇，寧拙之詩悲壯沉鬱健絕似老杜。』……嘗以州志一書多所遺漏，著

《艾國拾遺》二卷，旁搜遠紹，舉州治為綱，張八鄉為目。書粗完，旋以老病卒。」此書今未見，無以知其詳，蓋專為《州志》拾遺補闕而作，宜有以錄之。又王朝《義寧備征錄》自序曰：「劉孝廉穎宏著《拾遺》一書，州中髦士或多傳述，亦足以資考鏡。」

〔道光〕義寧州志[1] 四卷

胡浚源纂胡浚源，字甫淵，號乙燈，邑人，乾隆五十二年大挑知縣，署商水、考城，著有《楚辭新注求確》十二卷、《歷代經籍注疏目錄》四卷等。

清道光間稿本　未見

【按】未見著錄。曾暉春序道光《州志》云：「爰延前明府胡乙燈、孝廉冷芝田、查漁簀司載筆事。胡以年耄辭，出所稿商訂。」冷玉光序曰：「時乙燈因舊八綱六十四目間為補刪訂訛，繕稿一編，寄呈刺史。」同治《州志》卷二十三儒林，有《胡浚源傳》，舉胡氏著述十五種凡百三十四卷，其中「嗣刊而藏於家者」有《志稿》四卷等十種。《傳》又云：「壬午奉上檄修州乘，州侯致書敦請，取舊志刪補訂訛，題要評論，質同局且就商焉。甲申冬，志成，而浚源卒，年七十有七。」

〔道光〕義寧州志[2] 三十二卷首一卷

曾暉春修　冷玉光　查望洋纂曾暉春，號霽峰，福建閩縣人，嘉慶六年進士，國子監學正改授知縣，嘉慶二十五年、道光二年、四年三任義寧知州。　冷玉光，字荊華，號芝田，邑人，乾隆五十九年舉人，歷

聘濂山書院山長，著有《芝田遺稿》等。　　查望洋，字瞻濟，號漁，邑人，嘉慶十二年舉人，選長寧縣教諭，著有《曾子年譜》等行世。

清道光四年（1825）刻本　存

光緒《江西通志》藝文略：《義寧州志》三十二卷道光四年知府曾暉春修。

朱士嘉《美國國會圖書館藏中國方志目錄》。

《中國地方志聯合目錄》。

曾暉春序壬午春，大府倡修江省通志，檄各郡縣獻志乘以備採擇……爰延前明府胡乙燈、孝廉冷芝田、查漁司載筆事。胡以年耄辭，出所擬稿商訂。而徵文考獻、補缺拾遺，則芝田、漁實任其勞。以前明州牧方訒庵志為本，別類分門一遵大府頒發程式而旁搜博采。自壬午冬開局，至甲申冬竣事……（道光四年嘉平月）

冷玉光序竊以為徵文考獻，必先求舊。班志及陳氏志，家有其書。而方志幾同吉光片羽，幸熊氏活水園藏有舊刻一帙，假以翻閱，乃得窺《修水備考》故跡，且藉嘗修水志之一臠，而亦以知庚申、丁巳兩修，雖時事有增益，舊章固未嘗改易也。是役也，以訒庵志為底本，以劉寧拙《艾國拾遺》、王達泩《寧乘備徵》為參考，而又求諸歷代之史，稽諸百子之書，凡名賢文集、郡邑志乘有資閱見，悉為搜輯，芟繁訂訛十之二三，補缺拾遺十之四五……兩易寒暑而稿成，並是正于霽峰先生，乃付剞劂。凡為綱二十有八，為目百數十，為卷三十有二……

【按】本志例言曰：「前明方志大綱有六，目二十九。康熙庚申志綱十二，目不下百。乾隆丁巳志綱八，目六十四。大約提綱取其簡括，條目未免強附。今酌用通志體類及新頒格式，分為

二十八綱，條目犁然，所附各從其類。」其二十八綱，為上諭、
星野、沿革、疆域、山川、建置、學校、田賦、風俗、土產、古
跡、封爵、秩官、兵衛、武事、選舉、名宦、人物、列女、寓
賢、仙釋、方伎、祥異、祠祀、寺觀、藝文、書目、雜記。

〔同治〕義寧州志四十卷首一卷

　　王維新等修　塗家傑纂王維新，號柳橋，安徽太湖附貢，同治八
年署知義寧州事。　　塗家傑，字載歌，一字緯人，號彌山，邑人，咸豐
二年舉人，同知銜儘先選用教諭。

　　清同治十二年（1873）刻本　存

　　朱士嘉《美國國會圖書館藏中國方志目錄》。

　　《中國地方志聯合目錄》。

　　王維新序予前任東鄉，甫下車，即以修志為急。工竣，奉調來寧。
而大府促修江省通志，檄適至……爰集諸紳共為採訪搜輯，得若干卷，越
一歲始成書……將梓，諸紳請予序……（同治辛未清和月）

　　【按】本志卷首修志職名，列總裁王維新、王恩溥、朱寬成
三人。王恩溥，號濂舫，直隸通州廩貢，同治十一年五月知義寧
州事。朱寬成，號蘋洲，安徽涇縣附貢，同治十一年十二月署義
寧州事。此志刻工竣事之時，王維新久已離任，書中記同治十二
年事多處，為王恩溥、朱寬成二守續入。又今所見本之選舉志，
有光緒元年、二年鄉試中式者名單，當係後人增入。《續修四庫
全書提要》謂此書繁簡適中，取材周備，且不妄加武斷，「惟凡
名宦得入名宦祠者，由宋迄清約百餘人，皆列於學校志之名宦祠

下，職官表則不復收，如讀者不檢學校志，不特不知其為名宦，且不知職官中有斯人矣，此例殊未足法」。

江西文庫 A0701B29

贛文化通典（方志卷） 第二冊

主　　編　鄭克強
版權策畫　李　鋒
責任編輯　林以邠

發 行 人　陳滿銘
總 經 理　梁錦興
總 編 輯　陳滿銘
副總編輯　張晏瑞
編 輯 所　萬卷樓圖書股份有限公司
排　　版　菩薩蠻數位文化有限公司
印　　刷　維中科技有限公司
封面設計　菩薩蠻數位文化有限公司

出　　版　昌明文化有限公司
桃園市龜山區中原街 32 號
電話 (02)23216565

發　　行　萬卷樓圖書股份有限公司
臺北市羅斯福路二段 41 號 6 樓之 3
電話 (02)23216565
傳真 (02)23218698
電郵 SERVICE@WANJUAN.COM.TW
大陸經銷　廈門外圖臺灣書店有限公司
　　電郵 JKB188@188.COM

ISBN 978-986-496-234-1

2018 年 1 月初版

定價：新臺幣 360 元

如何購買本書：
1. 轉帳購書，請透過以下帳戶
　合作金庫銀行 古亭分行
　戶名：萬卷樓圖書股份有限公司
　帳號：0877717092596
2. 網路購書，請透過萬卷樓網站
　網址 WWW.WANJUAN.COM.TW
大量購書，請直接聯繫我們，將有專人為您
服務。客服：(02)23216565 分機 610

如有缺頁、破損或裝訂錯誤，請寄回更換
版權所有·翻印必究
Copyright©2016 by WanJuanLou Books CO., Ltd.
All Right Reserved　　　　Printed in Taiwan

國家圖書館出版品預行編目資料

贛文化通典. 方志卷 / 鄭克強主編. -- 初版.
-- 桃園市：昌明文化出版；臺北市：萬卷
樓發行, 2018.01
　冊；　公分
ISBN 978-986-496-234-1 (第二冊 ： 平裝). --
1.方志 2.江西省
672.408　　　　　　　　　　　107002013

本著作物經廈門墨客知識產權代理有限公司代理，由江西人民出版社授權萬卷樓圖書
股份有限公司出版、發行中文繁體字版版權。
本書為臺灣師範大學國文學系產學合作成果。　　　校對：梁潔瑩